Birgit Schmidt

Heilung durch Mitgefühl

Impressum

Erstmals erschienen im September 2009
Neuauflage von April 2011

Herstellung und Verlag:

Books on Demand GmbH Norderstedt

ISBN: 978-3-839120-29-3

Widmung

In Mitgefühl
an alle meine Mitmenschen
und Mit-Wesenheiten

Inhaltsverzeichnis

1. Vorwort
Mitgefühl – Was ist das eigentlich? 7

2. Meine ersten Erfahrungen 9

3. Zusammenfassung
Die Botschaft dieses Buches 15

**4. Den Liebesstern im Herzen
durch Mitgefühl aktivieren** 19

5. Wie heilt man durch Mitgefühl? 23

**6. Heilung bewirken bei Sich
und Anderen**

Durch Mitgefühl
Selbstheilungskräfte aktivieren 29
Durch Mitgefühl
psychische Heilung bewirken 33
Sich selber durch Mitgefühl aufbauen 37
Durch Mitgefühl Situationen heilen 40
Betrachtungen – Überlegungen – Fragen 42

7. Mitgefühl leben

Mitgefühl leben durch die Harmonie
von Verstand, Gefühl und Selbstliebe 47
Sich durch Mitgefühl
gezielter weiterentwickeln 51

8. Ein Erfolgsrezept

Mein Erfolgsrezept für
Heilung durch Mitgefühl 55
Die Anwendung des 4 - Punkte - Rezepts ... 59
Weitere Betrachtungen und
Vertiefungen zum 4 - Punkte - Rezept 66
Die 4-Punkte-Methode
und den „Sich erlauben Aspekt" 70

9. Ergänzendes zum Thema

Fragen und Antworten 75
Eine interessante Heilungs-Erfahrung....... 80
Der rote Faden 82
Vertiefende Zusammenfassung 86
Über Heilbehandlungen und Klienten 89
Durch Transformation entstehende positive
Schwingungen zur Wunscherfüllung......... 92

Anhang

Über die Autorin 95
Weitere Bücher der Autorin: 96

Vorwort

Mitgefühl – Was ist das eigentlich?

Mitgefühl ist gut. Wir sollten Mitgefühl haben. So heißt es. So glaubte ich vor meiner Erkenntnis, Mitgefühl bedeutet, mit einem anderen Menschen mitzufühlen. Also das zu fühlen, was der Andere fühlt. Und das bei Jemand dem es gerade nicht so gut geht. Das gelang mir aber nie.

Das heiß es gelang mir doch! Aber das war nun wirklich nicht das, was ich mir unter Mitgefühl vorstellte. Es war nämlich ein Mitleiden. Sobald ich versuchte, das zu fühlen, was mein leidender Mitmensch fühlte, war ich nicht mehr bei mir. Ich litt mit ihm und fühlte mich auch nicht mehr gut.

Und das wissen wir ja auch: Mitleid geht zu weit und bringt niemanden etwas.

So glaubte ich lange Zeit, nicht wirklich fähig fürs Mitgefühl zu sein. Und so betrachtete ich für mich Mitgefühl im weitesten Sinne als „*Verständnis für den Anderen und seine Situation zu haben*".

Aber in mir wusste ich, dass wahres Mitgefühl etwas ganz Großartiges ist und ich es sicher für mich noch entdecken werde. Es faszinierte mich auch immer, wenn ich etwas über eine Heilung durch Mitgefühl erfuhr.

Jedoch konnte mir niemand erklären, wie das tatsächlich funktioniert. Deshalb beschloss ich, das Thema: Heilung durch Mitgefühl, für mich zu ergründen. Alle Informationen dazu sind intuitiv in mir entstanden und ich lebe mit großer Begeisterung diese neuen Erkenntnisse über Mitgefühl. So kam mir auch die Inspiration, dieses Wissen in einem Fernkurs mit Betreuung anzubieten.

Durch die positive Resonanz meiner Kurs-Teilnehmer fühlte ich mich motiviert, diese neue Art der Heilung allen Menschen als Buch zugänglich zu machen. Alle Inhalte sind identisch mit dem bisherigen Fernkurs und sollen lediglich inspirieren. Jeder Anwender trägt für diese Inspirationen die eigene Verantwortung. So kann das Buch keine Heilung versprechen, aber wertvolle Anregungen und Denkanstöße zur Selbstheilung geben.

Meine ersten Erfahrungen

Ich meditiere seit vielen Jahren regelmäßig und komme dabei durch die starke Verbindung mit meiner Seele auch oft in Kontakt mit Lichtwesenheiten, welche mich zu meinem höchsten Wohle unterstützen und inspirieren.

Eines Tages meldete sich die Geistwesenheit Melek Metatron bei mir und brachte mir den „Liebesstern", wie er ihn nannte, in meinem Herzen zum Leuchten. Seitdem spüre ich mich und meinen Körper viel intensiver. Ich habe einfach einen stärkeren Zugang zu mir.

Nach diesem Ereignis äußerte ich meinen Wunsch, wahres Mitgefühl zu verstehen und auch zu erfahren, wie Heilung durch Mitgefühl funktioniert. Ich bekam dazu augenblicklich folgende Erkenntnis:

„Ich kann nur für mich fühlen! Jeder Mensch fühlt ganz individuell. Und keiner kann das fühlen, was ein anderer fühlt. Das ist auch nicht sinnvoll und nicht in unserem Auftrag.

Wenn ich also nur mich und meine Gefühle fühlen kann, bedeutet Mitgefühl, dass ich meine guten Gefühle fühle und sie meinem Gegenüber als Erinnerung oder Motivation zur Verfügung stelle. D.h. ich bleibe bei mir in meiner Kraft und meinem guten Gefühl. Mein Gegennüber kann selber wählen, ob er sich von meiner

Schwingung berühren lassen möchte. Wenn ja, geht er in Resonanz mit meiner positiven Ausstrahlung und kann somit seine Stimmungslage selber verändern.

Ich übe dabei nur eine „Vorbildsfunktion" aus, d.h. ich gebe ein Beispiel. Dabei kann ich geistig durchaus meine Aufmerksamkeit auf mein Gegenüber richten. Wichtig ist, dass ich in meiner Kraft und meinem guten Gefühl bleibe. Dann fällt es meinem Gegenüber leichter, wieder seine eigene Kraft und seine eigenen guten Gefühle zuzulassen.

Grundsätzlich bin ich nur für mich selber verantwortlich, d.h. für mein eigenes Wohlbefinden. Meine Mitmenschen dürfen sich von mir inspirieren lassen, sind jedoch grundsätzlich für sich selber verantwortlich. Das ist der freie Wille. Und so können sich auch Menschen (wenn auch unbewusst) sich gegen die Aufnahme meiner Schwingung entscheiden.

Kinder können ihren freien Willen noch nicht einsetzen. Sie sind sozusagen schwingungsmäßig ohne Abgrenzung. Deshalb lassen sich Kinder auch so schnell trösten, vorausgesetzt der Tröstende ist in seiner Kraft."

Dazu kamen folgende Inspirationen: Wir können auch um gute Gefühle bitten, um unser Wohlbefinden wieder herzustellen. Inneres Wohlbefinden ist die Grundlage für alle Wunsch-Manifestationen.

Erst, wenn wir uns so fühlen, als sei der Wunsch bereits erfüllt, kann er auch zu uns kommen. Wie können wir aber Gesundheit oder Wohlstand fühlen, wenn wir uns im Mangel dessen befinden? Das geht, indem wir Mitmenschen oder Lichtwesenheiten, welche die Wunschgefühle in sich tragen, um ihr Mitgefühl bitten. Und das ist ganz einfach.

Wir bitten sie dazu im Stillen um ihr Mitgefühl, von z.B. Wohlbefinden, für uns; damit wir uns an unser eigenes Wohlbefinden wieder erinnern können. Dabei stärken wir jeden, den wir bitten, in seinem Gefühl.

Wir sind schwingungsmäßig alle miteinander verbunden. Welche Gefühle in verschiedenen Aspekten uns auch immer fehlen – wir brauchen nur um das Mitgefühl der Wesenheiten bitten, die das Gefühl leben und ausdrücken; und schon nehmen wir es auch in uns wahr.

Wir gehen dabei in keine Abhängigkeit, noch sind wir den Wesen etwas schuldig. Wir nehmen dabei nur bewusst Schwingungen an, welche sowieso zur Verfügung stehen. Und keine Schwingung ist ohne die Bewusstheit einer Wesenheit. So wird jede Gefühlsschwingung auch von einer Wesenheit getragen.

Das stärkt den Gebenden und auch uns als Empfänger. Selbstverständlich bedanken wir uns anschließend beim Mitfühlenden.

Alle Gefühlsaspekte, welche wir wieder zu unserer Ganzheit annehmen dürfen, werden bereits von Wesen getragen und uns zur Verfügung gestellt. Es braucht also nur unseren Willen diese Gefühle auch anzunehmen.

Nehmen wir an, wir sind traurig, und uns fehlt es an Lebensfreude. Wenn wir das für uns erkennen und bereit sind, Freude wieder anzunehmen, können wir unsere Mitgefühl-Spezialisten von Freude darum bitten.

Natürlich könnten wir auch selber in uns Freude herstellen und müssten nicht darum bitten. Aber wenn wir uns schwer dabei tun und das erwünschte Gefühl scheinbar unerreichbar weit weg ist, können wir diese Unterstützung gerne annehmen. Das ist auch hilfreich bei allen Gefühlen, die wir noch nicht integriert haben und nicht mehr kennen, d.h. uns nicht mehr daran erinnern können.

Wenn wir z.B. Depressionen haben, wissen wir nicht mehr, wie sich Freude anfühlt. Oder bei längeren, körperlichen Krankheiten mit Schmerzen, wissen wir nicht mehr wie sich Gesundheit anfühlt, usw.

Insgesamt geht es immer ums Wohlbefinden und Glücklichsein. Dazu gibt es so viele Qualitäten, die wieder integriert werden möchten, wie es Menschen auf der Erde gibt. Diese positiven Gefühls-Qualitäten bewusst anzunehmen, nenne ich Transformation.

Jedes mal wenn ich erkenne, dass ich in einem Zustand bin, den ich als nicht wünschenswert bezeichne, kann ich mich für das positive Gegengefühl entscheiden. Und wenn mir das aus eigener Kraft schwer fällt, bitte ich die Wesenheiten, die in diesen positiven Wunsch-Gefühlen Meister sind, um ihr Mitgefühl für mich.

Ich sehe in dieser Transformation unsere menschliche Lebensaufgabe. Wir sind immer verbunden mit allem was ist. Wenn wir uns bewusst nach dem Positiven ausrichten, kommt es auch schwingungsmäßig zu uns. So fühle ich mich in einem sicheren und geschützten Universum.

Natürlich können wir auch Wesenheiten direkt beim Namen ansprechen, wenn wir um ihre Stärken wissen. So bitte ich immer gerne Mutter Erde um ihr Mitgefühl von Erdung, Geborgenheit und Stabilität. Dafür drücke ich meine Dankbarkeit aus, hier auf Erden leben zu dürfen.

Wir stärken bereits jede Wesenheit, indem wir sie um ihr Mitgefühl bitten. Die Dankbarkeit, die wir anschließend ausdrücken, ist eine Wertschätzung uns und auch unseren Mitwesen gegenüber.

Das sind die Grundlagen, wie wir Mitgefühl für uns anwenden können. Alle weiteren Mitteilungen sind lediglich dazu da, um unsere Gefühle besser zu verstehen und um zu inspirieren.

Zusammenfassung

Die Botschaft dieses Buches

Wir sind mit den Gefühlschwingungen mit allen Wesen des Universums verbunden. Wenn wir den Wunsch nach einem bestimmten Gefühl haben, das wir selber zurzeit in uns nicht wachrufen können, haben wir immer die wunderbare Möglichkeit, um diese Gefühle zu bitten.

Wir bitten dazu fühlende Wesenheiten des Universums, welche unser Wunschgefühl leben, um ihr Mitgefühl für uns. Wir zentrieren uns in unserem Herzen, um den Wunsch auszusenden und auch um für das „neue" Gefühl empfänglich zu sein.

Das geschieht augenblicklich. Wir müssen dazu die Wesenheiten nicht kennen. Das können Menschen auf Erden oder auch fühlende Lichtwesenheiten im ganzen Universum sein.

Wenn wir um diese Wunschgefühle bitten und sie annehmen, stärken wir diese Gefühle beim Sender und somit auch im ganzen Universum. Wir erschaffen uns mit diesem freien Willen unsere ideale Welt. Unsere Dankbarkeit für die Senderwesenheiten und für unsere Bereitschaft zu empfangen, bestätigt unsere Schöpferkraft.

Auch wir können um unser Mitgefühl für Gefühlsqualitäten gebeten werden, die wir bereits integriert haben und somit auch leben und schwingungs-mäßig ausdrücken. Wir spüren das dann daran, dass dieses positive Gefühl sich in uns plötzlich verstärkt. Das ist immer sehr angenehm und wir spüren dabei eine liebevolle Verbundenheit mit allem was ist.

Selbstverständlich können wir auch bewusst unser Mitgefühl unseren Mitmenschen auf ihre Bitte hin, zur Verfügung stellen. So können wir Heilbehandlungen geben, um unsere Mitmenschen und dabei immer uns selber in dem Gefühl von Ganzheit zu bestärken.

Heilung bedeutet, den Weg des göttlichen Ganzseins zu gehen, indem wir alle göttlichen Gefühlsqualitäten in uns annehmen. Wenn wir Wünsche haben, drücken sie immer einen Mangel dieser göttlichen Ganzheit aus.

Wir müssen nur bereit sein, uns bereits jetzt schon so zu fühlen, als wenn unsere Wünsche schon erfüllt wären. Wenn wir also z.B. Gesundheit, Wohlstand, Frieden, Harmonie usw. in uns erst einmal fühlen, haben wir das auch bereits erschaffen.

Die Schwingungen des Universums richten sich sofort nach unseren gelebten und somit bestätigten Gefühlen aus. Mit diesem Wissen des Mitgefühls und die Anwendung dessen, kann keine Trennung mehr in unseren Vorstellungen existieren.

Wir beginnen selbstverantwortlich an unserem Leben und somit an allem Leben in unserer Existenzebene teilzuhaben. Wir erkennen damit an, dass wir Gruppenwesenheiten sind.

Auf Erden bilden wir jetzt das Gruppenwesen: Menschheit mit einer Gesamtgruppenschwingung. Das darf uns bewusst sein, um aktiv und verantwortungsbewusst uns mit unseren Gefühlschwingungen daran zu beteiligen.

Den Liebesstern im Herzen durch Mitgefühl aktivieren

Den Liebesstern tragen alle Menschen in ihrem Herzen. Durch die Aktivierung dieses Sternes werden schlafende Lichtverbindungen zum Herzen wieder durchlässig gemacht. Dadurch kann die Liebesenergie im Herzen wieder wie ein Stern strahlen. Das hat für uns den Vorteil, dass unsere Wahrnehmung im Herzen stärker wird, dass wir schneller in unserer Mitte ankommen und dort auch zunehmend länger verweilen können, dass wir den Frieden in unserer Mitte wahrnehmen und von diesem Raum aus, Wünsche aussenden und empfangen können.

Die Thymusdrüse in unserem Herzen ist eine Sende- und Empfangsstation. Wir können um gute Gefühle bitten und sie auch erhalten, wenn wir in diesem Herzraum bleiben können. Diese guten Gefühle sind die Voraussetzungen für all unsere bewussten, positiven Schöpfungen. Es gibt so viele positive Gefühlqualitäten wie es Menschen auf der Erde gibt.

Für unsere ganzheitliche Heilung dürfen wir im Laufe unserer Entwicklung alle göttlichen Gefühlqualitäten wieder integrieren. Ganzheitliche Heilung bedeutet nicht nur die körperliche, sondern auch die seelische Heilung mit absolutem, beständigem Wohlbefinden.

Durch das neue Verständnis von Mitgefühl haben wir eine Möglichkeit, den Weg zu unserem Ganzwerden zu beschreiten. Es ist einfach faszinierend, die eigene Schöpferkraft in Selbstverantwortlichkeit wieder zu entdecken. So ist auch die Liebesstern-Aktivierung keine direkte Behandlung von meiner Seite aus, sondern vielmehr eine Selbstermächtigung.

Mitgefühl ist auch, wenn ich es mir erlaube, die Schwingungen eines Anderen anzunehmen; natürlich nur bewusst die guten Schwingungen und Gefühle. Eben das, was der Andere sowieso lebt und in sich trägt und somit auch ausstrahlt; und eben gerade das, was ich noch nicht lebe. So kann ich mich von den Schwingungen eines Anderen inspirieren lassen, um meine eigenen Energien dieser Art zu leben.

Und das geht sogar auch mit dem Liebesstern. Ich habe ihn ja von Metatron erhalten und schon längst tief verinnerlicht. Er ist lebendig in mir und strahlt aus. Nun kannst du einfach (ohne mein Wissen) meditierend in deine Mitte gehen und im Stillen mich, Birgit Anaruna, anrufen und um mein Mitgefühl für die Liebesstern-Energien bitten. Du wirst dann automatisch von meinem Energiefeld berührt, und zwar mit den Energien, wie ich sie in mir trage und meinen Liebesstern spüre. Dadurch wird dein Feld inspiriert, den eigenen Liebesstern zu aktivieren.

Für dich hat das den Vorteil, dass du jederzeit und ohne Terminabsprache, mich um mein Mitgefühl für den Liebesstern bitten kannst.

Mit jeder Aktivierung geschehen kleine ätherische Operationen, um alle Kanäle zum Herzen allmählich wieder zu öffnen. Wenn alle Verbindungen wieder hergestellt sind, wirst du mein Mitgefühl dafür nicht mehr benötigen. Du merkst das, wenn keine „Behandlung" mehr erfolgt, obwohl du mich um mein Gefühl bittest. So will es das energetische Gesetz.

Meine Erfahrungen dazu zeigten, dass man bereits schon nach drei Aktivierungen leichter und schneller in den Kontakt zur eigenen Mitte kommen kann.

Ab der ersten Aktivierung ist es sinnvoll, so oft wie möglich in die eigene Mitte zu gehen. Der Liebesstern hat ein eigenes Bewusstsein und wir können ihn auch ansprechen und ihn um seine Ausdehnung bitten. Je öfter wir das machen und unser Herz erreichen, umso bewusster werden wir.

Viele können ihren Stern auch in der Ausdehnung und auch farblich sehen. Jedoch spüren können wir ihn immer, wenn wir unsere Aufmerksamkeit auf ihn richten. Wir nehmen dabei eine wundervolle Weite und Wärme im Herzen wahr, verbunden mit einer geistigen Klarheit und Zentriertheit.

Wie heilt man durch Mitgefühl?

Meine erste Heilerfahrung mit Mitgefühl erfolgte gleich einen Tag nach meiner Liebesstern-Aktivierung und meinem neuen Verständnis über das Mitfühlen. Ich wurde als Heilerin um Hilfe gebeten. Es war abends und es ging um ein kleines Kind, das bereits im Bett lag und schlief. Es atmete jedoch so schwer, dass sich seine Eltern ernsthaft Sorgen machten. Die Mandeln waren angeschwollen und Nasentropfen halfen da nicht.

Eigentlich wollte ich meine gewohnte Behandlung geben. Ich trat zuerst in Kontakt mit der Seele des Kindes und teilte ihr meine Absicht zur Heilung mit. Dann, als ich mit meiner gewohnten Heilbehandlung beginnen wollte, ermunterte meine Seele mich, doch mal durch Mitgefühl zu heilen.

Ich ließ mich von meiner Seele führen. Und ich sagte mir: *„Mein Hals und meine Atemorgane sind gesund. Ich bekomme ausreichend Luft.“* Ich spürte plötzlich meinen Hals und alle Atemkanäle als sehr lichtvoll, energetisch gut versorgt und sehr weit. Ich nahm wahr, wie ich selber noch mehr Luft bekam. Nach ca. 10 Min. gingen die Energien wieder zurück und ich beendete die Behandlung, indem ich mich bei der Seele des Kindes bedankte und die Verbindung auflöste. Das Ganze geschah als Fernbehandlung.

Kurz darauf riefen mich die Eltern des Kindes wieder an. Sie sagten, ihr Kind atmet jetzt so ruhig und leise, dass sie sich zuerst vergewisserten, ob es überhaupt noch lebt. Wie ich später noch hörte, schlief es die ganze Nacht so ruhig durch und wachte morgens ganz fit, frisch und zufrieden auf. Die Mandelanschwellung ist tatsächlich zurückgegangen und so gab es auch für die kommenden Nächte keine Probleme mehr.

Nun wirst du vielleicht sagen, dass ich als Heilerin ganz andere Voraussetzungen mitbringe als jemand, der sich noch nie mit Heilung beschäftigt hat. Tatsächlich kann das aber jeder ohne Vorkenntnisse.

Sobald ich mich wahrnehmen kann, kann ich das Gefühl auch einem anderen zur Verfügung stellen. Ich habe mich einfach nur darauf eingelassen, meinen Hals gesund zu spüren. Das war er ja auch. Also war es ganz einfach. Ich gab meine ganze Aufmerksamkeit auf meinen Hals und umso mehr Energie bekam er auch. Umso lichtvoller und lebendiger fühlte er sich für mich an.

Aber wie konnte die Heilung bei dem Kind geschehen? Das Kind hat sich selber geheilt. Es konnte auf seine eigene Art plötzlich spüren, wie es sich anfühlt, einen gesunden Hals zu haben. Für das Kind war das plötzlich eine Wahrheit: So fühlt es sich an, wenn mein Hals gesund ist. Ich kann es fühlen. Alle Zellen fühlen es. Wenn ich es fühle, ist es auch so. Die Zellen und das Körpergewebe folgten der Information des Gefühls. Und die hieß: Gesundheit!

Das Kind hat sich also selber geheilt, indem es bereit war, das gesunde Gefühl anzunehmen. Ich möchte dazu aber klarstellen, dass das Kind nicht mein Gefühl annahm. Das geht gar nicht. Jeder kann nur für sich selber fühlen. Aber das Kind bekam Impulse, sich an seine eigenen gesunden Gefühle zu erinnern. Und so konnte es sie auch zulassen.

Ich bekam bei dem schlafenden Kind das klare Einverständnis seiner Seele zu dieser Heilbehandlung. Sonst hätte ich diese nicht gegeben. Ich mache diese Ausnahme nur bei Klienten, welche noch zu kleine Kinder sind, um dazu mündlich ihr Einverständnis zu geben und bei allen Anderen, welche zu krank und nicht bei klarem Bewusstsein sind, um eine Behandlung zu bejahen.

Das erlaube ich mir nur durch meine Begabung als Seelenmedium. Ich respektiere dabei immer den Wunsch der Seele. **Die bewusste Zustimmung des Klienten zur Behandlung ist in jedem Fall unerlässlich!**

Wenn du eine Mitgefühl-Heilbehandlung geben möchtest, geht das nur dann, wenn du selber da gesund bist, wo Heilung gefragt ist. In erster Linie geht es um dich: um deine Fähigkeit, dich zu spüren, zu fühlen, wahrzunehmen. Übe das weiterhin: gib immer wieder deine Aufmerksamkeit auf dich: Wie fühle ich mich jetzt?

Wenn jemand in deiner Umgebung ein kleines, körperliches Problem hat, kannst du ihn ja ansprechen, ob er bereit für ein kleines Experiment ist. Geh das Ganze spielerisch an. Du musst nicht heilen! Es geht dabei um dich! Respektiere die Entscheidung der Person. Wenn sie mitmacht, dann freue dich, sie tut auch dir einen großen Gefallen damit.

Zur Behandlung: Nehmt euch ein wenig Zeit, so dass ihr nicht gestört werdet. Der „Klient" sollte sitzen oder liegen. Spreche im Stillen die Seele des Klienten an: Seele von .... Ich möchte .... durch mein Mitgefühl heilen. Alles soll so geschehen, wie es für dich richtig und gut ist.

Dann stelle dir den zu heilenden körperlichen Bereich bei dir selber gesund vor. Spüre diesen Bereich, wie gesund er ist. Gib deine ganze Aufmerksamkeit dorthin. Vielleicht nimmst du ein Kribbeln wahr. Das ist gut. Spüre wie lebendig du dort bist.

Du kannst auch mit dir und deinen Zellen sprechen: z.B. „Ich nehme wahr, wie gesund und lebendig ihr seid. Ich danke euch und sende euch viel Licht und Liebe."

Du wirst spüren, wenn deine Aufmerksamkeit nachlässt. Es ist wichtig, dass du dann aufhörst und nichts weiter erzwingst. Bedanke dich bei der Seele deines Klienten: Vielen Dank, Seele von ....., dass du mir diese Behandlung ermöglicht hast. Ich löse jetzt die Verbindung zu dir wieder auf.

Sage deinem Klienten, dass du jetzt mit der Behandlung fertig bist. Lass ihm aber noch Zeit, da die Behandlung nachwirkt. Bedränge ihn auch nicht mit Fragen. Er wird sich dir selber mitteilen, wenn er was erlebt hat. In der Regel braucht diese Behandlung nicht länger als zehn Minuten.

Auch wenn der Klient ausdrücklich sein Einverständnis zur Behandlung und somit auch seine Absicht zur Heilung gegeben hat, kann es trotzdem sein, dass kein sofortiger Heilungserfolg eingetreten ist. Das kann an unbewusste Blockaden gegen die Heilung liegen oder auch, dass die Seele dem Klienten noch wertvolle Erfahrungen durch die Krankheit ermöglichen möchte. Manchmal dauert es auch länger, bis die Heilung erfolgt.

Du hast den Impuls zur Heilung gesetzt. Es steht nicht in deiner Verantwortung, ob der Klient bereit zur Heilung ist. Du musst dir darüber im Klaren sein, dass du die Behandlung für dich gegeben hast. Du bist mit dir und deinem Körper in Kontakt gekommen und das war die Behandlung für dich wert.

Dieser Standpunkt ist von Anfang an wichtig: Du behandelst nur, wenn es für dich auch stimmig ist und es dir leicht fällt. Du opferst dich niemals auf. Die Behandlung ist ein Geschenk an dich! Genieße es! Sobald du in Kontakt mit dir bist und dich fühlst, wirkt die Behandlung auch.

Ob der Klient tatsächlich für seine Heilung bereit ist, hat nichts mit dir zu tun. Akzeptiere den freien Willen des Klienten. Du hast auf jeden Fall einen guten Dienst für deinen Klienten mit deinen guten Gefühlen getan. Keine Schwingung geht verloren. Sie ist im Klienten gespeichert.

Und wenn eine Heilung stattfindet? Dann darfst du dich natürlich freuen! Es ist wundervoll zu erleben, wie wir Menschen schwingungsmäßig in Verbindung sind.

Heilung bewirken bei Sich und Anderen

Durch Mitgefühl
Selbstheilungskräfte aktivieren

Wir wissen bereits, dass wir durch unsere guten Gefühle heilen können. Was ist aber, wenn wir selber krank sind? Wenn wir Schmerzen haben und uns wirklich nicht gut fühlen?

Nun wissen wir auch, dass die Erinnerung an Gesundheit das Gesund-Fühlen mit sich bringt und somit der Heilungsimpuls geschehen kann.

Ich kann mich also selber heilen, indem ich mich erinnere, wie es sich anfühlte, als ich gesund war. Tatsächlich sind diese Gefühle in uns gespeichert.

Ich gehe also mit meiner Aufmerksamkeit in den Körperbereich, den ich geheilt haben möchte. Ich gebe mein ganzes Mitgefühl dort hinein. Ich spreche zu diesen Bereich: meine lieben Körperzellen und mein liebes Körperbewusstsein, ich spüre jetzt den Schmerz und diese Blockaden. Ich akzeptiere, dass ich das selber erschaffen habe. Ich bin euch dankbar, dass ihr mich auf diese Blockaden hinweist.

Jetzt kann ich mich bewusst für meine Gesundheit entscheiden. Denn ich liebe mich und meinen Körper. Ich gebe euch nun in diesem Bereich meine ganze Aufmerksamkeit. Durch meine Vorstellungskraft sehe ich den Bereich entspannt, optimal durchblutet und voller positiver Energie. Jetzt kann ich es auch spüren. Ich fühle mich glücklich und befreit.

So könnte die Selbstheilung ungefähr aussehen. Sicher hast du deine eigenen Ideen, mit dir und deinem Körper liebevoll umzugehen. Sei da durchaus kreativ.

Wichtig sind nur die drei Punkte:

1. Akzeptiere die Disharmonie in deinem Körper. Erkenne sie als deine Schöpfung an (wenn auch unbewusst erschaffen). Zeige deinem Körper und deinen Zellen deine Anerkennung. Das ist ganz wichtig: dein Körper hat ein eigenes Bewusstsein. Er bekommt deine Meinung über ihn durchaus mit und nimmt sie als eine Wahrheit auf. Wenn du z.B. wütend auf deinen Körper bist, weil er dir diesen Schmerz jetzt antut, kann natürlich keine Heilung geschehen. Dein Körper zeigt dir eine Disharmonie in deinem System auf.

   Da ist es wichtig, Verantwortung zu übernehmen. Dein Körper dient dir. Deine Zellen und dein Körperbewusstsein brauchen deine Akzeptanz, Anerkennung und Liebe. Sie machen nie etwas falsch und sie arbeiten ununterbrochen für dich. Also, du erkennst an, dass dein Körper dir diese Disharmonie aufzeigt und bedankst dich bei ihm.

2. Dann entscheidest du dich bewusst für deine Heilung. Sprich dabei mit dir, du findest deine eigenen Worte.

3. Dazu arbeitest du zuerst mit deiner Vorstellungskraft. Du hast viele Möglichkeiten. Vielleicht möchtest du dich an einen Moment in deinem Leben erinnern, wo du einfach glücklich und zufrieden warst? Du wirst für dich etwas finden. Das kannst du als Einstieg verwenden um erst einmal auf andere Gedanken zu kommen (falls du evtl. Schmerzen hast).

Dann gehe mit deiner Gedankenkraft in den kranken Bereich. Stelle dir vor, dass da jetzt alles in Ordnung ist. Spreche mit deinen Zellen und visualisiere. Evtl.: „Liebe Bauchzellen, ich sehe euch vollkommen entspannt. Mein Bauch ist jetzt wieder in Harmonie und mit positiver Energie erfüllt."

Und plötzlich spürst du ein Kribbeln oder du kannst dir das gesunde Gefühl wirklich vorstellen und es sogar spüren! Sobald du das gesunde Gefühl spürst, ist die Heilung geschehen!

Dein Gefühl ist immer deine absolute Wahrheit. Wenn du dich gesund fühlst, bist du auch gesund. Dein Körper zeigt dir alles durch deine Gefühle.

Nun haben wir unseren freien Willen. Das bedeutet, wir können uns bewusst für ein anderes Gefühl entscheiden. Wenn wir uns schlecht fühlen, können wir uns also bewusst für ein besseres Gefühl, unser Wohlbefinden, entscheiden.

Und das geht über die Vorstellungskraft. Ich stelle mir vor, dass es mir jetzt gut geht. Ich tue jetzt einfach mal so. Manche sagen, dass ich mir da ja etwas vormache. Ja, das stimmt! Ich bilde mir etwas ein. Ich stelle mir etwas anderes vor, etwas, das mir jetzt angenehmer ist.

Damit übernehme ich Verantwortung für mein Wohlbefinden. Und das kann nur ich für mich selber erzeugen. Indem ich es mir erlaube, es mir vorzustellen und so zu tun als ob, kann auch das passende Gefühl dazu eintreten.

Es macht Spaß mit dem eigenen Körper zu arbeiten. Wir entwickeln dabei eine vollkommen neue Körperwahrnehmung. So können wir auch mit unserem Körper und den Zellen sprechen. Wir dürfen uns für ihr unermüdliches Tun bedanken und ihnen unsere Aufmerksamkeit, Wertschätzung und Liebe geben.

Wenn wir uns jedoch das gesunde Gefühl nicht vorstellen können und uns nicht mehr daran erinnern können, wie es sich in einem gesunden Körper anfühlt, dann dürfen wir um das Mitgefühl von Mitmenschen oder Lichtwesenheiten bitten, die dieses Gefühl leben.

Wir können das Gefühl von Gesundheit spüren. Doch auch dieses Gefühl hat viele Qualitäten. Wenn wir z.B. unter Arthrose leiden, drückt das eine Unbeweglichkeit in den Gelenken aus. Also dürfen wir wieder das Gefühl von Beweglichkeit annehmen, das uns scheinbar abhanden gekommen ist. Es geht auch darum, nicht nur körperliche Beweglichkeit zu spüren, sondern auch geistige Beweglichkeit.

Deshalb können uns dabei auch geistig fortgeschrittene Lichtwesen in ihrem Mitgefühl unterstützen. Dieses Wieder-Annehmen eines schon lange nicht mehr gelebten Gefühles bewirkt in uns eine Transformation. Das Resultat davon ist eine Neuprogrammierung unserer Zellen. Unsere Lebenseinstellung hat sich somit geändert.

Wir dürfen uns immer wieder fragen: „Was bin ich bereit, an Gefühlen anzunehmen? Und was bin ich bereit zu geben? Meine Gefühle strahle ich auch aus in meine Welt als meinen Beitrag."

Durch Mitgefühl psychische Heilung bewirken

Ich gehe dabei von den Tiefs aus, die jeder mal durchmacht: gewisse Ängste, Unsicherheiten, Stimmungstiefs, mangelnde Lebensfreude, Antriebslosigkeit usw.

Aber kommen wir zuerst wieder zu uns zurück. Es geht immer um uns selber, d. h. um meine Wahrnehmung, meine Gefühle. Wenn es mir gut geht, kann ich das auch ausstrahlen. Ich kann nur das an Heilung anbieten, was bei mir in Harmonie und Ordnung ist.

Bei der körperlichen Heilung konnte ich mich auf gewisse Bereiche beziehen. Wenn mein Hals gesund war, konnte ich bei meinem Klienten den

Hals heilen, gleichgültig ob ich dabei z. B. ein Ma-
genproblem hatte.

Nun ist bei psychischen Problemen das Gefühl
direkt betroffen und zwar überall am ganzen Körpersystem. Da drückt sich z. B. eine leichte Nie-
dergeschlagenheit am ganzen Körper sichtbar und
für den Klienten auch spürbar aus, wie z. B. in einem Schweregefühl.

Tatsächlich kann ich in diesem Fall nur dann
helfen, wenn ich selber ganz in meiner Kraft bin
und mich wirklich gut und stabil fühle. Das ist die
absolute Voraussetzung. Wenn das der Fall ist, ist
die Inspiration zur Heilung wirklich einfach.

*„Ich fühle das in mir, was meinem Klienten schein-
bar fehlt. Das kann Lebensfreude, Kraft, Mut,
Leichtigkeit oder auch tröstende Energien und Liebe
sein. Ich trage diese Energien in mir und lebe sie. Ich
kann sie während der Behandlung für mich gefühlsmäßig verstärken. Ich mache das tatsächlich für mich.
Ich erlaube mir, diese wundervollen Gefühle zu erleben. Sie sind für mich stark und präsent in jeder Zelle
meines Körpers.*

*Vielleicht ist das eine Herausforderung: Ich darf
mich gut fühlen, obwohl mein Gegenüber sich schlecht
fühlt. Das sind wir nicht unbedingt von unserer Erziehung und unseren Prägungen her gewöhnt. Vielleicht
habe ich ein schlechtes Gewissen dabei, wenn ich mich
gut fühle? Vielleicht bin ich es gewohnt, mich da anzu-
passen, an die Stimmung des Anderen, dass er sich
eben nicht so alleine fühlt? Oder glaube ich sogar, dass*

sich mein Gegenüber noch schlechter fühlt, wenn ich mir in seinem Beisein ein gutes Gefühl erlaube? Vielleicht, dass es ihn sogar kränken würde und er es als beleidigend empfinden würde?

Dann bin ich im alten Muster von Mitgefühl, was durchaus verständlich ist. Dann sind das meine eigenen Vorstellungen, dass ich das auch so für mich empfinden würde und auch nicht so „behandelt" werden wollte. Bitte nicht verurteilen! Ich habe das mein ganzes Leben so mit mir getragen. Das kann ich nicht in drei Wochen vollkommen ausgelöscht haben. Das braucht seine Zeit und viel Verständnis – FÜR MICH!"

Wenn wir uns über so ein altes Verhalten bewusst werden, können wir uns fragen: „Was ist jetzt meine Wahrheit? Was möchte ich jetzt leben?"Auf diese Weise bringen wir Bewusstheit und gleichzeitig viel Liebe und Verständnis für uns in unser Leben.

Nun folgt eine interessante Betrachtung, wie die Heilung durch Mitgefühl optimal funktioniert: Nehmen wir an, ein Musikinstrument ist verstimmt und du änderst, um eine wohlklingende Musik darauf spielen zu können, einfach nur deine Art und Weise, auf dem verstimmten Instrument zu spielen. Ist das Instrument aber nicht nach wie vor verstimmt? Das ist die bisherige Form unserer Psychotherapie!

Und wie kann ich ein Instrument umstimmen? Indem ich die Seiten kürzer oder länger einstelle und somit die SPANNUNG verändere. Anspannung – Entspannung! Nur ein Instrument das „lust-

voll" gestimmt ist, kann harmonische Töne her-
vorbringen. Und wie funktioniert das bei uns?

Wir heilen, indem wir ein Vorbild sind, also ein
Beispiel geben. Das ist unsere Möglichkeit, unser
Gegenüber wieder ZU STIMMEN. Also, wenn ich
richtig gestimmt bin, in Harmonie mit mir selber,
dann kann bei meinem Klienten ein unterbewusstes
Programm aktiviert werden, wie es ist, sich so har-
monisch zu fühlen. Ich erlaube mir einfach nur *„Ich
selber zu sein".* Ich bleibe bei mir in meiner Kraft
und Lebensfreude und heile als Vorbild.

Damit könnten manche Klienten nicht einver-
standen sein. Warum? Weil sie es erwarten, dass
man auf sie eingeht. Viele möchten durch ihr Jam-
mern unsere Aufmerksamkeit und somit unsere
Energie bekommen.

Natürlich ist das unbewusst. Doch wenn wir darauf eingehen, sind wir schon wieder bei unserer alten Vorstellung von Mitgefühl. Das ist in dieser
Form ein gängiges Energiespiel.

Wir bleiben auf jeden Fall in unserer Kraft und
unserem Gleichgewicht. Wenn der Klient jammert,
dann hören wir ihm zu und bleiben energetisch bei
uns: *„Ich gehe nicht darauf ein".* Wir können zu unserem Klienten sagen: *„Ja, das ist in Ordnung so!"* Er
wird uns vielleicht nicht verstehen. Aber wir akzeptieren damit seine Sichtweise und seine eigenen
Kreationen.

Es ist für unsere eigene Heilung und Stabilität
immer inspirierend, die Gefühlsqualitäten in uns zu
stärken und zu kräftigen, welche unser Klient in ei-

nem Mangel lebt. Wir dürfen das also auch für uns als eine Anregung nehmen, unsere Helfer durch ihr Mitfühlen für uns, um Unterstützung zu bitten.

Sich selber durch Mitgefühl aufbauen

Zu einer Zeit vor einigen Jahren fühlte ich mich überarbeitet und kraftlos. Ich glaubte, dringend Ruhe zu brauchen und verurteilte deshalb die starke Lebendigkeit in meinem Umfeld. Denn, solange im Außen alles so unruhig ist, kann ich mich ja nicht erholen und wieder zu Kräften kommen. Das war meine feste Überzeugung.

Ich betrachtete meine Situation, solange sich im Außen nichts änderte, als hoffnungslos und fühlte mich somit den Begebenheiten ausgeliefert. Und um zu überleben, suchte ich nach energetischen Behandlungen im Außen, wie Klangschalenbehandlungen, Reiki, usw.

Doch seltsamerweise fragte ich immer bei sehr sensitiven Menschen nach, die eine Behandlung für mich alle ablehnten. Begründen konnte das niemand. Und so fühlte ich mich sehr alleingelassen und mein Gefühl von Ohnmacht und Ausgeliefertsein meiner Situation gegenüber, wuchs.

Wenn ich mein Höheres Selbst fragte, kam folgende Antwort: *„Deine Aufgabe ist es, dich selber aufzubauen und zu heilen. Deshalb bekommst du jetzt keine Unterstützung im Außen. Du hast dir diese Situation gedanklich selber erschaffen und nur du kannst sie ändern."*

Es ehrte mich zwar, dass mein Höheres Selbst davon überzeugt war, dass ich mich selber heilen konnte. Doch wusste ich nicht wie. Ich fühlte mich ja auch nicht wirklich krank, sondern einfach nur geschwächt. Doch ich ahnte, dass es um viel mehr ging: Meine ganzheitliche Heilung allgemein.

Ich bat im Stillen um geistige Führung und um Unterstützung für die Lösung meines Themas. So erhielt ich eine geistige Botschaft von der Geistwesenheit Seth:

Leben ist Bewegung.
Also ist es notwendig,
dass du in Spannung lebst.
Aber in jedem Augenblick hast du die Freiheit,
einen anderen Zustand zu entscheiden:
bitte benutze deinen Willen.

Diese Worte haben mir die Augen geöffnet und mich geheilt. Um zur letzten Mitteilung mit dem Musikinstrument zurückzukommen, so war das jetzt einfach die Info, dass ich mich selber stimmen kann!

Und so verrückt es klingt, ich wusste vorher wirklich nicht, dass ich mich selber für ein anderes Gefühl entscheiden kann. Der freie Wille war mir zwar bekannt, aber dass ich ihn selber für mein Wohlbefinden einsetzen kann, war mir neu.

Nun, von da an habe ich mich für einen anderen Zustand entschieden! Das ist mein Recht. Ich trage allein die Verantwortung für mein Wohlbefinden. Braucht es dazu noch Worte?

Ja, vielleicht noch eine kurze Erklärung: Vor dieser Erkenntnis befand ich mich in einem Ist-Zustand: so ist es jetzt, so fühle ich mich jetzt. Ich glaubte, dass ich ein Werkzeug, eine Krücke brauchte, um aus diesem Ist-Zustand herauszukommen.

Vor allem glaubte ich, dass ich fremde Hilfe bräuchte. Denn da war ich, sozusagen energetisch wie festgenagelt. Da musste schon eine starke Hand mich rausziehen.

Meine Erkenntnis war, dass ich mir einen anderen Zustand und mit dem Zustand ein passendes Gefühl vorstellen kann. Dann ist das meine neue Wahrheit, die ich lebe. Ich habe mich aus dem Ist-Zustand in einen Soll-Zustand versetzt. Ein Zustand also, den ich erreichen wollte. Und je mehr ich mit meinen Vorstellungen dranblieb, umso stärker wurde auch mein Wunschzustand.

Der freie Wille bedeutet: Ich kann mich entscheiden: entweder für das Licht oder die Dunkelheit. Dazu braucht es natürlich ein bestimmtes Maß an Bewusstheit. Eine weitere Botschaft eines Geistführers:

Suche das große Wunder in dir und lerne, dich selbst zu lieben. Glaube an dich selbst und nicht mehr an andere. Entdecke deine eigene Liebe in dir und bringe sie zur Entfaltung. Sei immer bereit, dir selber alle Liebe zu geben, die du gerade brauchst. Durch deine Selbstliebe dehnt sich dein Bewusstsein und dein Erwachen aus.

Was liegt da näher, aus reiner Selbstliebe sich für sein eigenes Wohlbefinden zu entscheiden. Und das geht am einfachsten, wenn wir uns wieder daran erinnern, wie es ist, sich gut zu fühlen.

Das ist Mitgefühl für uns selber. Wenn wir nicht die Kraft dazu haben, dürfen wir jederzeit das Mitgefühl von unseren Mit-Lichtwesenheiten annehmen. Wir bitten sie dazu um ihr Mitgefühl von ihrer Kraft, Stärke, Wohlbefinden, Lebensfreude, usw. für uns. Erfahrungsgemäß tritt das für uns sofort ein. Das ist Selbstheilung und ein verantwortungsbewusster Umgang mit uns selber und unserer Umwelt.

Es braucht dafür nur eine Voraussetzung: Die Bereitschaft neue Gedanken und neue Lebenseinstellungen anzunehmen.

Durch Mitgefühl Situationen heilen

Nehmen wir an, es gibt Situationen, die uns aus unserer Mitte reißen. Das könnten kleine oder größere Ärgernisse sein. Ja, nehmen wir an, wir ärgern uns über das Verhalten unserer Mitmenschen oder wie sich Situationen für uns ungünstig auswirken.

Haben wir damit etwas zu tun und haben wir Einfluss auf diese Situationen? Nach den kosmischen Gesetzen sind das alles unsere Schöpfungen. Alles was wir erleben, sind Spiegel unserer inneren Einstellung. Wenn wir das als wahr annehmen können, dann ist auch klar, dass es keine Situationen zu heilen gibt. Sondern, dass alles an uns selber liegt.

Wir haben auch nichts falsch gemacht. Wir tragen einfach bestimmte, überwiegend unbewusste,

Programmierungen und Glaubensmuster in uns. Diese Muster beeinflussen unsere Gefühle und damit erschaffen wir unsere Realität.

Da wir uns hier mit unserer neuen Vorstellung von Mitgefühl beschäftigen, ist es nahe liegend, unser gutes Gefühl zuzulassen. Und das ist sicher auch absolut das Beste, was wir tun können. Denn durch unsere Gefühle wirken wir auch langfristig auf festgefahrene Glaubensmuster ein, die sich somit transformieren können.

Wenn wir aber wütend sind, wenn wir uns aufregen und wir uns gar nicht für ein anderes Gefühl entscheiden möchten? Dann lassen wir unsere Wut oder was auch immer, einfach zu. Und dann spüren wir, dass das auch Selbstliebe ist.

Wir erlauben uns unsere Gefühle zu spüren – ohne Bewertung. Das tut gut. Denn beim bewussten Zulassen von Gefühlen – ohne Bewertung -, einfach nur das Gefühl, geschieht Transformation. Wenn wir z.B. Ärger fühlen, kommen wir anschließend in den gefühlsmäßig positiven Gegenpol; das könnte dann Frieden oder Gelassenheit sein.

Und was ist mit unserer Situation? Nun, wenn der Ärger verraucht und jetzt ein friedliches Gefühl da ist, ist doch alles in Ordnung. Tatsächlich würde sich jetzt diese Situation nicht mehr so abspielen, weil bei uns eine Veränderung geschehen ist. Wir haben ein Gefühl transformiert.

Wir dürfen uns jetzt wirklich loben und feiern: *„Ich danke der Situation, dass sie mir diese Erfahrung* *ermöglicht hat. Ich danke mir, dass ich mir erlaubt habe, das Gefühl zuzulassen. Ich bin jetzt vollkommen im Frieden und gebe dieses Gefühl in die Situation hinein."*

Also noch einmal: Wir können unsere Gefühle zulassen, sie transformieren sich von selbst. Und wir können mit dem neuen, positiven Gefühl auf die Situation einwirken. Damit ist die Vergangenheit geändert und die Zukunft neu geschrieben.

Betrachtungen – Überlegungen – Fragen

Aussage: Negative Gefühle machen mir Angst. Ich möchte nicht in ihnen stecken bleiben.

Antwort: Wichtig dabei ist, dass man das Gefühl, das man normalerweise verurteilt, frei zum Ausdruck bringt und es sich erlaubt, zu spüren und zu fühlen. Wenn wir nicht daran festhalten, transformiert sich das Gefühl sobald es ausgelebt wurde in seinen positiven Gegenpol von Gefühl. Und das geht sehr schnell.

Bei Ärger braucht es nur wenige Minuten, bei sehr tiefen, seelischen Schmerz dauert es etwas länger. Wir sollten das negative Gefühl jedoch niemals einen Tag lang mit uns herumtragen oder sogar noch mit in die nächsten Tage mitnehmen.

Das wäre dann eine Fixierung, ein Festhalten des Gefühls und das würde dann auch alles im Jetzt beeinflussen. Weil es dann so wie eine feste Lebenseinstellung ist.

Das passiert unbewusst sehr oft und da kommt die vorherige Mitteilung zu tragen: wir haben den freien Willen, uns für ein anderes Gefühl, einen anderen Zustand zu entscheiden!

Es braucht dann den bewussten Willen zur Distanzierung und Beendigung des alten Zustandes. Wir können dazu auch sagen: jetzt habe ich das Gefühl lange gelebt, nun ist es Zeit für mich, wieder etwas Positives zu fühlen und das lasse ich jetzt ganz bewusst zu.

Frage: Warum fällt es so schwer, gewisse negative Gefühle ohne Bewertung zuzulassen?

Antwort: Grundsätzlich gibt es gar keine negativen Gefühle. Sondern es sind einfach nur Gefühle, die auf unserer Erfahrungsebene wichtig sind und die wir bewertet haben. Diese Bewertung geschah bereits in unserer Kindheit durch unsere Eltern.

Wir haben diese Gefühle deshalb unterdrückt und nicht gelebt, da wir den Vorstellungen unserer Eltern folgten, um letztendlich von Ihnen geliebt zu werden. Als Kind hatten wir gar keine andere Wahl. Auch unsere Eltern waren da vorbelastet durch unbewusste Muster aus ihrer Erziehung und ihren Erfahrungen.

Also war als Kind unser Überleben davon abhängig, wie viel Liebe wir bekamen und bei einem Gefühl, das als negativ bewertet wurde, war Ablehnung und Verurteilung angesagt. Wir durften also gewisse Gefühle (je nach Vorstellungen unserer Eltern und Gesellschaft) nicht ausleben. Wir haben gelernt, sie zu unterdrücken und auch als negativ zu verurteilen.

Tatsächlich ist es so, dass wir diese Gefühle noch nie wirklich zugelassen haben. Wenn wir jedoch bereit für sie sind, braucht es ganz viel Selbstliebe, um sich nicht selber zu verurteilen.

Auch sind diese Gefühle, wenn wir sie erstmal frei rauslassen (sie wurden ja jahrelang eingesperrt) oft sehr heftig und stark. Aber wenn wir sie annehmen, fühlt sich das absolut befreiend an. Wir dürfen uns dann auch wie ein geliebtes Kind fühlen, das alle seine Gefühle zulassen darf. Wir dürfen die Gewissheit haben, dass es zwar stark, aber nie zu stark sein wird. Unsere Seele mutet uns nichts zu, was wir nicht verkraften könnten.

Frage: Aber manchmal ist es doch angemessen, seine positiven Gefühle nicht zuzulassen?

Antwort: Wer sagt das? Welches Glaubensmuster in uns sagt das? Glauben wir, dass wir dann schlecht sind und nicht mehr liebenswert?

Wir sind hier, um zu fühlen. Dadurch machen wir unsere Erfahrungen. Dadurch entwickeln wir uns weiter und erzeugen auch Energie für uns und das ganze Universum. Wir leben durch das Gefühl! Und wir dürfen lernen, es urteilsfrei zuzulassen.

Ich habe mit trauernden Klienten folgende Erfahrung gemacht: Sie ließen ihre Trauer voll und ganz zu und schon nach kurzer Zeit mussten sie plötzlich über irgendetwas Komisches, Lustiges, lachen. Dieses Lachen war ganz natürlich, es musste ja kommen, als Gegenpol zum Traurigsein. Sie befanden es als sehr befreiend und wohltuend. Das Lachen gab ihnen wieder Kraft und Energie.

Und doch hatten sie ein schlechtes Gewissen, als sie darüber nachdachten. Sie sagten mir: „Ich darf jetzt ja eigentlich nicht glücklich sein. Ich habe einen lieben Menschen verloren und dann darf ich eine gewisse Zeit jetzt nicht lachen und mich nicht freuen."

Doch das sind nur unsere gesellschaftlichen Strukturen. Wir haben Angst, von den Anderen verurteilt zu werden. Und das wird auch tatsächlich geschehen, wenn wir uns selber verurteilen: unser Verhalten, unsere Lebensfreude. Dann ziehen wir auch die Verurteilung als Spiegel im Außen an. Es braucht unseren Mut, den eigenen Selbstausdruck, die eigene Authentizität, zu leben.

Mitgefühl leben

Mitgefühl leben durch die Harmonie von Verstand, Gefühl und Selbstliebe

Vielleicht hast du dir in den letzten Wochen erlaubt, deine Gefühle und deine körperliche Wahrnehmung intensiv zu erfahren. Du hast mehr Bewusstsein auf deine Wahrnehmung gelegt und so konnte sie sich ausdehnen.

Sicher kennst du auch diesen inneren Konflikt: Du fühlst ja durch deinen Körper; jetzt bist du in einer Situation, in der deine Körperwahrnehmung dir eindeutig signalisiert: Das fühlt sich nicht gut an! Dein Verstand kann aber gar nichts Negatives an dieser Situation finden und da er nun mal der Stärkere im System ist (der Mentalkörper steht über den Emotionalkörper), wird er dir einreden, das Gefühl zu ignorieren.

Er kommt mit seinen verstandesorientierten Erklärungen, wie z.B.: „Diese Personen dir gegenüber sind doch ganz nett zu dir. Sie zeigen sich als sehr soziale, gute Menschen und sie möchten einfach deine Freundschaft. Stell dich also nicht so an! Deine unguten Gefühle ihnen gegenüber sind unbegründet!"

Der Verstand muss jedoch nicht der Stärkere sein. Wir haben ihm nur sehr viel Macht eingeräumt. Der Mentalkörper steuert deine Absicht und tatsächlich ist der Verstand deinem Willen und deiner Absicht untergeordnet.

Nun, um auf die Situationen zurückzukommen, hat sich bei allen meinen Erfahrungen dieser Art gezeigt, dass mein Gefühl doch Recht hatte. Und hätte ich gleich auf mein Gefühl gehört, hätte ich mir viel Kummer und Ärger erspart. Natürlich war das ein wichtiger Lernprozess für mich.

Jetzt spüre ich über mein Körpergefühl, ob etwas stimmig für mich ist oder nicht. Ich spüre, ob die Energien fließen! Ich muss auch gar nicht mehr darüber nachdenken, welche Stimme in mir nun Recht hat oder wie ich mich entscheiden oder verhalten soll. Sondern: ich kann nur der Wahrheit meines Gefühls folgen – alles andere wäre eine Lüge gegen mich!

Mein Gefühl sagt mir z. B.: *„Ich spüre, dass jetzt die Energien nicht fließen – das fühlt sich schwer und dicht an."* Mein Verstand kann das aufgrund der vielen Erfahrungen verstehen und sagt: *„Die Person mir gegenüber wirkt ja ganz nett und ehrlich und ich bin ja auch freundlich und ehrlich, deshalb bleibe ich mir treu. Ich habe gelernt, auf meine Gefühle zu achten. Und etwas Neues ist für mich nur dann stimmig, wenn mein Herz ja sagt. Also intuitiv ist da kein Impuls da, dieser Person zu folgen. Tatsächlich ist sogar ein Impuls da, der mich warnt! Also bleibe ich bei mir und mir treu."*

Dieses Verhalten gibt mir ein starkes Gefühl von Freiheit. Es gibt so viele Energiespiele. Und wir spielen sie solange mit, solange unser Verstand dazu ja sagt. Worauf ich dich jedoch hinweisen möchte, ist, dass dein Gefühl dir immer die Wahrheit sagt!

Das Gefühl reagiert auf hohe, reine oder tiefere, dichtere Schwingungen. D. h. dein Körpersystem nimmt diese Schwingungen wahr und drückt sie in Gefühle aus. Unser Körper sagt immer die Wahrheit!

Und jetzt zur Selbstliebe: Wenn ich meine Gefühle ignoriere, lass ich mich selber nicht zu. Ich traue mir und meiner Wahrnehmung nicht. Ich unterdrücke mein Leben und lebe für Andere.

Was ist Selbstliebe? Zu mir zu stehen, zu meinen Gefühlen und all meinen Kreationen und zu meinem Leben zu stehen. Mich zu akzeptieren, genau so, wie ich jetzt gerade bin! Ich lebe immer Jetzt! Ich bin jetzt in diesem Augenblick genau richtig! Und zwar mit allem, was ich jetzt lebendig in mir fühle! Es müsste heißen: Ich fühle – also bin ich! Das Fühlen gibt mir den Kontakt zu mir, es lässt mich spüren, dass es mich gibt, dass ich lebe.

Also ganz wichtig: Sich fühlen und gleichzeitig dazustehen, sich mit den jetzigen Gefühlen akzeptieren. Was passiert, wenn ich jetzt mein Gefühl wahrnehme und akzeptiere? Dann bin ich in der Gegenwart – im Jetzt – im Augenblick. Und da ich nur in der Gegenwart leben kann, habe ich durch das Zulassen meiner Gefühle die tiefe innere Gewissheit, zu leben.

Doch um meine Gefühle zulassen zu können, braucht es viel Selbstliebe: Wir wurden wohl alle nicht in Selbstliebe erzogen. Sie ist uns fremd und hat so einen egoistischen Beigeschmack.

Als Yogalehrerin sagte ich immer am Beginn der Stunde: *„Du bist jetzt für dich alleine da, diese Stunde gehört dir alleine, um dich zu fühlen und zu erleben."*

Von vielen neuen Teilnehmern kam dann die Resonanz, dass das noch nie jemand zu ihnen gesagt hätte und ihnen diese Erlaubnis gegeben hätte. Sie waren tief gerührt.

Nun ist Selbstliebe, uns selber diese Erlaubnis zu geben. Denn ich bin selber für mich verantwortlich.

„Ich akzeptiere mich jetzt vollkommen so, wie ich bin. Denn ich bin immer genau richtig.

Das ist Selbstliebe. Ich muss mich nicht verbessern. Denn das würde bedeuten, dass mit mir jetzt etwas nicht stimmt. Also: aus der Akzeptanz und Liebe zu mir im jetzigen Zustand kann ich mich auch für einen anderen Zustand entscheiden. Und auch nur dann.

Denn wenn ich mein Jetzt verurteile, dass ich dort nicht richtig bin und raus muss, dann ist keine Akzeptanz für diese jetzige Schöpfung in meinem Leben da. Ich habe aber jede Situation erschaffen, um zu spüren und um mich zu erfahren! Also erstmal akzeptieren und alle Gefühle zulassen. Ich bin dankbar dafür. Ich lebe durch mein Gefühl. Das ist Selbstliebe!"

Sich durch Mitgefühl gezielter weiterentwickeln

Warum sind wir Menschen hier auf Erden? Um uns zu erfahren und zu transformieren! Und dadurch erkennen wir, wer wir sind. *„Erkenne dich"*, wie es so schön heißt.

Wie können wir uns erkennen? Wir tragen bestimmte Überzeugungen in uns. Sie erschaffen unsere Erfahrungen. Also allem, jeder Situation im Außen und jeder körperlicher Disharmonie liegen Glaubensmuster zugrunde.

Diese unangenehmen Erfahrungen erschaffenden Überzeugungen sind durch unterdrückte Gefühle entstanden. Mit dem Erkennen der Glaubenssätze verstehen wir auch unsere Situationen und wie wir sie angezogen haben. Die bisher unterdrückten Gefühle können nun zugelassen werden. Das ist Heilung.

Wenn ich nun davon ausgehe, dass alles im Außen eine Spiegelung meines Inneren ist, also meiner Glaubensmuster, und zwar meiner unbewussten, brauche ich doch nur eine Möglichkeit, mir diese Glaubensmuster wieder ins Bewusstsein zu rufen.

Und wenn diese Glaubensmuster durch nicht gelebte Gefühle, welche verurteilt und unterdrückt wurden, entstanden sind, so kann ich mich doch heilen oder Einfluss auf meine Außenwelt nehmen, indem ich meine unbewussten, unterdrückten Gefühle zulasse.

Warum erschaffe ich mir gewisse unangenehme
Situationen? Um zu fühlen! Aber genau das möchte ich dann eigentlich nicht, denn es ist ja unangenehm. Also ist das schon eine Verurteilung und
Unterdrückung des Gefühls. Wenn ich mir nur erlauben würde, das Gefühl zu fühlen, würde Selbstheilung in vielerlei Hinsicht geschehen!

Was brauche ich dazu? Wichtig ist, mich anzunehmen: Ich darf jedes Gefühl fühlen, ich bin
nicht das Gefühl, ich erlebe mich nur dadurch.

Ich nehme mich sozusagen in den Arm und erschaffe mir einen Raum, in dem ich diese Gefühle
zulassen kann. Ich bin ganz für mich da. Ich gebe
mir selber meine ganze Aufmerksamkeit und meine ganze Liebe. Dadurch geschieht Transformation. Ich komme vom Minus-Pol-Gefühl in das Plus-
Pol-Gefühl.

Vielleicht sagst du jetzt: Das kenne ich doch
schon, du hast ja davon schon berichtet. Doch
dieses Mal geht das Thema ein wenig tiefer. Wir
möchten lernen, wie wir uns selber erkennen
können. Ich beschreibe ein kurzes Beispiel, das
man so für alles einsetzen kann.

Da ist eine Person, die mich nicht respektiert.
Sie möchte meine Aufmerksamkeit, indem sie mir
etwas vormacht, mir Halbwahrheiten erzählt und
sich vor mir aufspielt. So nehme ich es wahr.

Und ich frage mich: Durch welches Glaubensmuster habe ich sie angezogen? Was soll ich dadurch für mich erkennen? Die Antwort, die ich

bekomme, ist immer sehr kompromisslos: „*Die Person spiegelt dir, dass du dich selber nicht respektierst, dass du dir selber zu wenig Aufmerksamkeit gibst, dass du dir selber etwas vormachst, dass du dich selber runterspielst. Deshalb lässt du dich bereitwillig von der Person ablenken und gibst ihr deine Aufmerksamkeit.*"

Aber warum ist es für mich so unangenehm? Weil ich diese Gefühle immer verurteilt habe. Und das gerade bei der Person, die sie mir ja spiegelt! Ich habe diese Gefühle selber nie gelebt.

Wenn ich nun für mich zulasse, dass ich mir mehr Aufmerksamkeit gebe, d.h. meine verurteilten Gefühle wieder in mir annehme und erkenne, dass sie durchaus positiv sind, dann kann mich auch niemand mehr aus meiner Mitte holen. Ich kann dann für mich auch Nein sagen und diese Person vielleicht freundlich, aber bestimmt, zurückweisen. Damit respektiere ich mich auch selber. Und wenn ich das einmal geschafft habe (für mich ein zustehen), kommen solche Situationen nie wieder vor.

Ein Erfolgsrezept

Mein Erfolgsrezept für Heilung durch Mitgefühl

Durch die vorangegangenen Mitteilungen und dem daraus Erlerntem konnte das Heranfühlen an die eigene Wahrnehmung ausgebildet werden. Dies ist die unentbehrliche Grundlage, um mit diesem 4-Punkte-Rezept umzugehen. Nun, lasst uns beginnen:

1. Du fragst dich: Was fühle ich jetzt in dieser Situation? z.B. ich fühle mich erniedrigt
2. Du wendest das auf dich bezogen an, z.B. wo erniedrige ich mich selber?
3. Du bittest darum, das zu erkennen und zu heilen.
4. Du wendest die positive Aussage dazu an: z.B. „Ich erhöhe mich", Fühle es auch! Vielleicht sind da detaillierte Aussagen passender: „Ich erhöhe mich in meiner Energie" oder „Ich erhöhe mich in meiner Glaubenskraft und Handlungsstärke" oder „Ich erhöhe mich in meiner Selbstliebe."

Du kannst das auf jede Situation anwenden und es wirkt immer. Es sind dafür jedoch zwei grundlegende Voraussetzungen notwendig:

1. Die Bereitschaft, in sich hineinzufühlen und
2. Die Bereitschaft, das auf sich zu beziehen.

Denn, wenn mich etwas berührt, trage ich in mir
die Resonanz dazu. Zum besseren Verständnis der
vier Punkte:

Zum 1. Punkt: *Fühle das Gefühl!* Nicht nur: ich
fühle mich schlecht. Sondern: was spiegelt mir diese Situation? Z.B. ich fühle mich ausgegrenzt, be-
mitleidet, belogen usw.

Wenn wir das erst einmal zulassen, kommt es sehr
schnell und spontan. Das ist das eigene Gefühl, die
eigene Wahrheit. Es ist wichtig, sich das zu erlauben und zuzulassen. Erst durch das Gefühl wird eine Erfahrung gemacht und wenn etwas nicht gefühlt wurde, hat man es nicht gelebt und es hat einem nicht verändert.

Oft hat man immer wieder eine ähnliche Situation erlebt und sich schlecht dabei gefühlt. Aber
wenn man sich zum ersten Mal das wirkliche Gefühl erlaubt wahrzunehmen, ist das bereits eine ver-
blüffende Erkenntnis. Wenn es schmerzhaft wird,
hilft diese Betrachtung:

„Ich bin nicht das Gefühl, d.h. ich bin nicht schlecht,
ausgegrenzt, bemitleidenswert usw. Sondern: Ich bin
ich – immer gleich göttlich. Ich lebe das Gefühl jetzt
nur als wertvolle Erfahrung. Es heilt mich und bringt
mich weiter.

Ich bin mir dankbar, dass ich es mir jetzt erlaube,
dieses Gefühl zu durchleben. Ich weiß, dass ich dieses
Gefühl immer verurteilt habe und es dadurch in mir

nicht zum Ausdruck kommen konnte. Jetzt bin ich bereit dieses Gefühl zu akzeptieren und anzunehmen, um es in den positiven Gegenpol zu transformieren. Das geschieht zu meinem höchsten Wohl."

Zum 2. Punkt: *Auf sich selber beziehen!* Wo grenze ich mich selber aus? Wo bemitleide ich mich selber? Wo belüge ich mich selber? Dabei geht es um den Umgang mit sich selber. Da muss nicht sofort eine Antwort kommen und es muss auch nicht darüber nachgedacht werden.

Wesentlich ist einfach die Akzeptanz, dass man mit sich einfach liebevoller umgehen darf und Aspekte, die unbewusst abgelehnt wurden, annehmen und leben darf.

Diese Erkenntnis löst den Heilungsprozess aus. In diesem Sinne ist Heilung mit Ganzwerden zu verstehen: Sich zu erlauben, alle Aspekte zu leben.

Zum 3. Punkt: *Um Erkenntnis und Heilung bitten!* Dadurch wird ein längerfristiger Prozess ausgelöst. Durch die Bereitschaft des Erkennens kann die Seele auf diese nicht gelebten Aspekte direkt hinweisen. Das sieht dann so aus, dass auf einmal, evtl. Tage oder Wochen später, glasklar die Erkenntnis da ist.

Und die könnte in etwa so aussehen: *„Ich habe mich immer ausgegrenzt aus dem Leben und das wurde mir auch im Verhalten meiner Mitmenschen gespiegelt. Ich habe mich ausgegrenzt, weil ich mir nicht erlaubt habe, mittendrin im Leben zu stehen. Ich* *habe jetzt Verständnis für mich und erlaube mir, mich mehr ins Leben zu begeben und vielleicht auch mal im Mittelpunkt zu stehen oder sogar voll im Geschehen dabei zu sein."*

Zum 4. Punkt: *Die positive Affirmation anwenden!* „Ich bewege mich sicher mittendrin im Geschehen" oder „Ich bin mittendrin im Leben und fühle mich sehr wohl dabei."

Wesentlich dabei ist, sich die eigene, ideale Affirmation immer wieder zu sagen und auch zu fühlen. Dadurch wird die Transformation forciert. Denn am Anfang, am 1. Punkt war das Ausgangsgefühl, das vollkommen akzeptiert wurde. Die Transformation geschieht von da an von selber. Durch das Annehmen und Durchleben eines Gefühls kommt man automatisch in den Gegenpol des Gefühls. In diesem Fall in den positiven Pol.

Wenn eine zusätzliche Affirmation angewendet wird, kann man sich von dem negativen Gefühl distanzieren (man bleibt nicht drin hängen, d.h. es besteht dadurch keine Möglichkeit, sich auf das negative Gefühl zu fixieren, sondern man beendet es selber mit der eigenen Willenskraft) und die Aufmerksamkeit auch gefühlsmäßig auf das positive Ziel-Gefühl und die Ziel-Vorstellung geben.

Beispiele zum 4-Punkte-Rezept

1. Punkt: Jemand macht mir alles nach. Ich fühle mich nachgemacht, nachgelebt.

2. Punkt: Wo lebe ich in mir nach inneren Vorstellungen? Wo erlaube ich mir nicht,
mich selber zu leben?

4. Punkt: Ich erlaube mir, mir selber zu folgen,
mich selber zu leben. Ich bin jetzt authentisch und drücke mich selber aus.

1. Punkt: Jemand tut zu mir nur so, als ob er
mich mag.

2. Punkt: Wo tue ich selber zu mir nur so, als ob
ich mich mag? Lehne ich in mir
scheinbar etwas ab und überspiele es?

4. Punkt: Was darf ich mir wieder erlauben, anzunehmen? Ich liebe und schätze mich
ganz und gar. Ich nehme alle Anteile
in mir an und bringe sie liebevoll zum
Ausdruck.

Alles spiegelt sich im Außen: Wenn ich mich
wirklich mag, mögen mich meine Mitmenschen
auch. Wenn ich mit mir nicht zufrieden bin und
mich verurteile, spiegeln mir genau das meine Mitmenschen wieder.

Die Anwendung des 4 - Punkte - Rezepts

Prinzipiell geht es dabei immer um die Selbstheilung und zwar nach dem Prinzip: Wenn ich mich
verändere, bzw. heile; verändere, bzw. heile ich
auch meine Außenwelt. Normalerweise tendieren
wir dazu, z.B. unsere Mitmenschen zu ändern.

Wir wünschen uns von ihnen ein gewisses Verhalten, damit wir das Gefühl haben, geschätzt, geliebt, anerkannt etc. zu werden. Doch tatsächlich geschieht erst eine Veränderung im Verhalten der Mitmenschen, wenn wir uns genau das selber geben und erlauben, was wir gerne von ihnen hätten. Und dadurch heilen wir uns auch.

Warum ist das so? Weil wir erwachsen sind, Verantwortung für uns selber übernehmen und unseren freien Willen einsetzen können. Kinder können das alles nicht. Sie sind auf die Liebe ihrer Mitmenschen angewiesen, um nicht emotional zu verhungern.

Als Erwachsener können wir uns jedoch selber alle Zuwendung und Liebe geben, die wir brauchen. Und doch verhalten wir uns noch wie die Kinder. Vielleicht weil es uns nie vorgelebt wurde, wie ein Mensch sich vollkommen annimmt und sich akzeptiert.

Und doch sind wir bereit, uns umzuschauen, was uns inspiriert und wo Vorbilder sein können. Denn letztendlich lernen wir nur durch Vorbilder. Auch nach meiner Erfahrung der Heilung durch Mitgefühl, geschieht auch die Heilung letztendlich nur durch die Vorbildfunktion, die wir ausüben.

Und um ein Vorbild zu sein, ist es unerlässlich in der eigenen Mitte, bei sich, im eigenen Gefühl zu sein und auch dort in gewissen Situationen zu bleiben. Also kann es durchaus sein, dass unsere Mitmenschen, bzw. Klienten den Wunsch äußern: Ich hätte jetzt gerne das Gefühl, von dir vollkommen angenommen zu sein, damit es mir besser geht.

Doch ist es das Beste für den Klienten, wenn wir uns selber annehmen. Also bei uns selber in der eigenen Kraft zu sein und das dem Klienten als Mitgefühl zur Verfügung zu stellen, damit er sich selber annehmen kann.

Und nur dann geht es unserem Klienten tatsächlich besser, wenn er sich selber erlaubt, dasselbe bei sich anzunehmen, was er gerne von uns hätte. Diese Heilung kann nur geschehen, wenn wir bei uns bleiben!

Ein Beispiel: Da ist ein Mitmensch, der mich verletzt und auch aufregt. Das liegt an seinem Verhalten und seinen Worten im Umgang mit mir.

Ich weiß, dass ich ihn angezogen habe und er mir etwas spiegelt. Es geht immer um mich und um meine Heilung/ mein Ganzsein. Diese Person interessiert mich nicht, nur das Gefühl, das sie bei mir auslöst, ist von Bedeutung.

Ich muss mich also nicht in diese Person reinfühlen, um ihre Beweggründe zu verstehen. Ich verurteile ihr Verhalten, indem es mich aufregt. Dabei weiß ich, dass ich genau das Gleiche, was ich verurteile, auch in mir drinnen ablehne und verurteile. Denn würde ich es in mir annehmen, wäre nicht dieser Ärger da.

Es geht um mich und deshalb bin ich bereit, mir diese Gefühle näher anzuschauen: Ich fühle mich von dieser Person einfach nicht respektiert.

Gut – wo respektiere ich mich selber nicht? Ich bitte um das Erkennen und die Heilung. Meine positive Affirmation: Ich respektiere mich jetzt voll und ganz.

Da kommt mir eine Erkenntnis: Solange ich es zulasse und es hinnehme, dass mich diese Person so behandelt, habe ich auch selber vor mir keinen Respekt. Ich behandle mich ja selber respektlos, indem ich mich dieser gewissen Person ausliefere und mich verletzen lasse.

Ich habe immer erwartet, dass sie doch liebevoller und netter zu mir ist, wenn ich das auch ihr gegenüber bin. Nun weiß ich aber, dass ich meine Gefühle nicht respektiert habe und damit auch mich nicht respektiert habe. Denn meine Gefühle haben mir immer gesagt: Ich fühle mich unwohl in der Gegenwart dieser Person!

Und obwohl es keinen vernünftigen Grund gab, weiterhin in Kontakt mit ihr zu sein; so habe ich mich doch von ihr beeinflussen lassen und ihr Energiespiel mitgespielt. Jetzt habe ich erkannt und gelernt. Ich habe gelernt, dass meine Gefühle/ meine Wahrnehmung, für mich die einzige Autorität ist und nicht, was andere denken oder wie sie mich gerne hätten!

Deshalb bleibe ich jetzt in meiner Kraft und in meinem guten Gefühl. Damit gehe ich nicht mehr auf die Energien meines Gegenübers ein. Ich wende mich sozusagen energetisch davon ab. Ich bin mir meinen guten Gefühlen bewusst und bleibe ihnen treu. Wenn ich meine Aufmerksamkeit darauf gebe, stärke ich sie. Diese Schwingung strahle ich aus und plötzlich ist mein Kraftfeld das stärkere. Ich habe mich und meine Gefühle respektiert! Das fühlt sich großartig an!

Es geht darum, dass man es sich einmal erlaubt, seine Selbstbehauptung zu leben. Im Prinzip muss man das nur einmal tun, um sich zu bestätigen. Man wird in Zukunft diese Fälle nicht mehr anziehen. Die Handlung selber spielt dabei eine untergeordnete Rolle. Es kommt weniger darauf an, was man sagt oder tut, als auf das, was man sich selber erlaubt an Stärke und Kraft zu fühlen.

Das war ein Beispiel. Es gibt viele Möglichkeiten, die 4 – Punkte anzuwenden. Es muss auch nicht personenbezogen sein, sondern kann auch situationsbedingt sein.

So gab es in meinem Leben vor einigen Jahren eine intensive Phase, wo ich für mich einfach keine Freizeit fand. Das hört sich wirklich seltsam an. Für mich war es wie verhext. Es gab zwar viel für mich zu tun, aber ich plante durchaus für mich Pausen ein. Doch immer, wenn die Zeit der Erholung da war, kam etwas völlig Unerwartetes dazwischen: Ein kleiner „Notfall" bei den Kindern, ein „wichtiger" Anruf oder unerwarteter Besuch.

Nun war ich schon ziemlich überarbeitet und hatte mir eingebildet, dass ich wohl keine Freizeit haben sollte, dass ich darauf selber keinen Einfluss hatte, dass sogar höhere Mächte dabei im

Spiel sind. Mein Gefühl sagte mir: Diese Situation zeigt mir, dass mir Freizeit nicht zusteht und dass ich mich dieser Situation ausgeliefert fühle.

Also: Wo stehe ich mir meine Freizeit nicht zu? Wo liefere ich mich selber aus? Die positive Affirmation: Ich bin bei mir und in meiner Kraft. Mir steht alle Zeit der Welt zur Verfügung. Das hat Wunder gewirkt.

Ich habe zum ersten Mal nicht mehr um die Zeit „gebettelt", sondern ich habe sie mir einfach genommen. Ich sagte mir: Ich bin jetzt wichtig!

Und ich konnte für mich einstehen. Wenn es in meinen Pausen klingelte (Tür oder Telefon) ging ich nicht mehr ran. Das war für mich schon abenteuerlich. Das brauchte energetisch nur eine anfängliche Bestätigung. Nach ein paar Tagen, wurde ich nicht mehr gestört. Ich war ja auch für die Störung nicht mehr empfänglich. Ich konnte so immer mehr Verantwortung für mich übernehmen und mehr Freizeit für mich regeln.

Nach meiner Erfahrung betritt man da für sich selber immer Neuland, wenn man seine positiven Affirmationen leben und in die Tat umsetzen möchte. Es ist immer ungewohnt, fühlt sich fremd an und man braucht Mut dazu.

Warum ist das so? Weil wir diese Prägungen und Muster, welche uns natürlich so nicht bewusst sind, schon seit unserer Kindheit in uns tragen. Tatsächlich erlauben wir uns jetzt zum ersten Mal diese Muster zu durchbrechen. Das ist großartig und für uns selber ist das wie ein Tor zu einer neuen, schöneren, weiteren Welt.

Nun hatte ich dieses Freizeitmuster auch aus meiner Kindheit. Ich wurde mit dem Glaubensmuster erzogen: *„Nur ein Mensch, der viel arbeitet und fleißig ist, ist ein guter Mensch."* Ich hatte zuvor keine Ahnung, wie sehr mich das geprägt hat. Jetzt bin ich der Situation, wie ich sie erlebte (und wie ich sie mir ja selber erschuf, aufgrund meines Glaubensmusters) sehr dankbar. Ich konnte für mich Verantwortung übernehmen und auch meine Kindheitserfahrung in Bezug auf Freizeit heilen.

Mir wurde dabei ein interessanter Zusammenhang bewusst: Die höhere Macht, der ich glaubte ausgeliefert zu sein, waren meine Überlebensprägungen, die ich in meiner Kindheit von meiner Umgebung übernommen hatte. So bin ich einem kollektiven Glaubenmuster entwachsen und gebe ihm keine Energie mehr.

Ein neuer Grundsatz wird von mir gelebt und genährt und damit stelle ich ihm dem Kollektiv zur Verfügung: *„Ich bin immer wertvoll, gut und geliebt. Unabhängig ob ich viel oder wenig oder überhaupt nicht arbeite. Denn allein meine Selbstliebe und diese Ausstrahlung in meine Welt ist mein größter Dienst."*

Und ich habe noch einen großen Gewinn aus dieser Erfahrung gezogen: Ich bin tatsächlich weiter, als wenn ich diese Erfahrung in meiner Kindheit und die jetzige Heilung nie gemacht hätte. Mein jetziger Bezug zu meiner Freizeit und meiner

Wertschätzung dafür ist unglaublich. Das lebe ich und es gibt mir so viel mehr an Lebensfreude.

Man kann sagen: Jede Erfahrung ist auf dem eigenen Konto gutgeschrieben. Die kann man nicht mehr verlieren und niemand kann sie einem wegnehmen. Sie bleibt als Orden für alle Zeit.

Weitere Betrachtungen und Vertiefungen zum 4 - Punkte - Rezept

Wie kann ich mich damit körperlich heilen? Wie fühlt diese Krankheit oder das Symptom sich denn an? Wie fühle ich mich denn dabei?

Dabei ist wirklich interessant, zu beobachten, dass der eigene Körper genau das ausdrückt, was wir uns nicht zu leben erlauben. Also tief drinnen ablehnen und verurteilen. Deshalb haben wir auch ein Problem mit dem körperlichen Symptom. Wir können das nicht so gelassen sehen.

Vielleicht sind Schmerzen da, unser Körper funktioniert nicht und das ist für uns bedrohlich. Da ist erst einmal die Wertschätzung unseres eigenen Körpers wichtig. Auch das Wissen, dass unser Körper uns nur auf etwas aufmerksam machen möchte.

Meine Erfahrungen zeigten, dass unser Körper für uns etwas lebt, was wir uns nicht erlauben. Wenn z.B. ein Zahn locker ist, können wir davon ausgehen, dass der Zahn das ausgleicht, was wir unterdrücken: Locker Sein!

Das ist ganz einfach. Also dürfen wir mal aus der Reihe wackeln! Und wenn wir uns das erlauben, braucht unser Körper das nicht mehr auszugleichen.

Interessant war meine Erfahrung in Bezug auf das Sehen. Ich hatte das 4 – Punkte – Rezept auf meine leichte Kurzsichtigkeit mehr spielerisch angewendet. Einfach so, um zu sehen, was dabei rauskommt.

Also 1. Punkt: Wie fühle ich mich beim Sehen? Antwort: Ich fühle mich wie in einer unklaren, verschwommenen Welt. Ich fühle mich unsicher. Diese Welt ist nicht wirklich meine.

2. Punkt: Wo bin ich mit mir im Unklaren? Wo halte ich meine verschwommene Welt aufrecht? Wo lasse ich für mich keine Sicherheit und Klarheit zu?

4. Punkt: Ich bewege mich sicher und fühle mich mittig in meiner klaren Welt.

Meine Erkenntnis: Ich habe mir nicht wirklich erlaubt, diese Welt als meine anzunehmen. Ich fühlte mich auch tatsächlich immer etwas unsicher und unklar.

Und dann bekam ich von meiner Seele noch eine schöne Anregung: Meine Augen leben für mich Verschwommenheit, weil ich mir für mich diese Verschwommenheit nicht erlaube! Wie soll ich das verstehen? Ich dachte, ich solle Klarheit zulassen. Und jetzt soll ich auch zusätzlich Verschwommenheit zulassen?

Da fiel mir auf, dass ich tatsächlich etwas Angst vor dem Weitem, Unbekanntem, hatte. Ich verkrampfte mich dabei und sah verschwommen. Wenn ich aber in mir Verschwommenheit zuließ (d.h. keine Angst mehr vor dem Unbekannten zu haben, es emotional abgeschwächter, verschwommener zu sehen), konnte ich mir erlauben, meine ferne Welt klar zu sehen.

Ich nahm noch eine zweite Affirmation dazu: „Ich lasse das Ferne jetzt nah an mich heran, damit es zu meiner Welt gehört." Und ich spürte, wie meine Augäpfel sich dabei zu ihrer ursprünglichen Form hin verkürzten (bei Kurzsichtigkeit ist der Glaskörper verlängert). Dadurch, dass ich in mir die Verschwommenheit erlaubte, kam Klarheit in mein Leben. Das ist eine seelische Einstellung.

Ich erkannte und akzeptierte meine Ängste. Ich hatte Mitgefühl für mich und tröstete mich selber. Dabei baute ich mich wieder auf: Wenn ich innerlich, also emotional die Welt nicht so nah an mich ranließ, konnte ich sie tatsächlich äußerlich an mich ranlassen.

Ich fühlte mich geschützt! Und dabei machte ich die Erfahrung, dass die fremde Welt gar nicht bedrohlich war, sondern sehr freundlich und eben ganz menschlich!

Beim 4 – Punkte – Rezept ist der zweite Punkt, die Fragestellung wohl am Interessantesten. Um sich diese Frage stellen zu können, gibt es folgende Erklärungen: Alles, was mich in meinem Umfeld berührt (natürlich auch negativ), ist ein Spiegel meines Inneren. Und das Innere sind noch unbewusste Glaubensmuster und Vorstellungen, die sich im Außen zeigen, um bewusst gemacht zu werden.

Denn wir sind hier, um zu erkennen, wer wir sind. Es geht immer um die eigene Heilung. Unter Heilung ist auch Ganzwerden zu verstehen. Damit ist gemeint, alles, was nicht gelebt wird, wieder zu integrieren.

Was noch nicht integriert ist, wird im Außen verurteilt und als unangenehm betrachtet. Das ist alles, was man sich selber nicht erlaubt, zu leben. Das sind Aspekte, die man wieder annehmen darf. Das ist wunderbar! Wenn das erkannt wird, wächst die Selbstliebe.

Vereinfachtes Beispiel:

1. Punkt: Ein Mensch ist schlecht zu mir. Ich fühle mich schlecht behandelt.

2. Punkt: Wo bin ich schlecht zu mir selber? Wo behandle ich mich selber schlecht?

3. Punkt: Ich bitte darum, das zu erkennen und um Heilung.

4. Punkt: Was darf ich mir jetzt erlauben, zu leben? Ich bin jetzt gut zu mir. Ich behandle mich gut.

Wenn das Rezept angewendet wird, öffnet sich eine neue Erfahrungswelt und Bewusstseinsebene mit folgenden Erkenntnissen:

- Es gibt keine Täter und keine Opfer, nur Erfahrungen durch Glaubensmuster.
- Innere, stille Dankbarkeit und Wertschätzung gegenüber allen Beteiligten, die mitgespielt haben.
- Krankheit ist Weiterentwicklung.
- Sich selber zu erkennen und sich zu erlauben, alle Anteile zu leben, macht so viel Freude!

Die 4-Punkte-Methode und den „Sich erlauben Aspekt"

Im 4-Punkte-Rezept entdecken wir, was uns unangenehm ist und unseren Bezug dazu, wo wir uns selber unangenehm sind. Das wandeln wir dann in das positive Angenehme um, um es anzunehmen. Gleichzeitig gibt es aber auch das Erlauben-Rezept.

Da gehe ich davon aus, dass das Außen mir etwas vorlebt, was ich mir nicht erlaube. Wenn ich mir das erlaube und es annehme, heile ich mich damit. Die zwei Rezepte scheinen total gegensätzlich zu sein. Und doch ergänzen und vervollkommnen sie sich.

Beispiel: Eine junge Mutter hatte nach einer Brustentzündung auf einer Brust weniger Milch. Sie hatte das Gefühl, das dort etwas zurückgehalten und blockiert wird. Ihre Erkenntnis war, dass sie sich selber oft zurückhält und blockiert. Sie wendete die positive Affirmation an: Ich erlaube mir meinen Selbstausdruck und lasse meine Energie fließen.

Jetzt kommen wir zum „Sich erlauben Rezept":
Die Brust lebt für die junge Mutter Zurückhaltung,
weil sie es sich selber nicht erlaubt, diese zu leben.
Deshalb gleicht die Brust/ der Körper das Ungleich-
gewicht aus. Die junge Mutter darf also Zurückhaltung annehmen und leben.

Das scheint total gegensätzlich zum oberen Rezept zu sein. Da wir aber immer beide Pole in uns
tragen, hat diese Anwendung die gleiche Gültigkeit und Berechtigung, wie die erste.

Denn beim näheren Betrachten erkannte die junge Mutter folgendes: Indem sie dazu tendierte, sich
zurückzuhalten, war sie ja nicht in ihrer Kraft. Sie
nahm sich zurück und erlaubte sich nicht, sich frei
auszudrücken. Da sie nicht ihre volle Ausdrucks-
kraft lebte, d.h. also nicht in ihrer Kraft war, konnte
ihr Gegenüber ihr noch mehr Energie rauben.

Sie erkannte, dass sie sich gewissen Menschen
und Situationen ausgeliefert hatte. Und da durfte
sie tatsächlich Zurückhaltung leben, indem sie sich
schützte und Verantwortung für ihr Wohlbefinden
übernahm. Denn wenn sie anderen zu viel Energie
gab, d.h. sie sich auch nehmen ließ, hatte sie zu wenig Energie/ Nahrung für ihr Baby. Und ihr Baby
steht auch symbolisch für ihr inneres Kind.

Die Zurückhaltung, die sie annehmen darf, bedeutet: Energien für sich bewahren. Und wenn das kräf-
temäßig noch nicht möglich ist, sich auch von diesen
gewissen Situationen und Menschen zurückzuhalten.

Gleichzeitig darf sie lernen, bei sich zu sein, sich
zu leben und auszudrücken. Eben ihre eigene

Wahrhaftigkeit authentisch zu leben. Und dazu gehört auch der Mut, mal Nein zu sagen und sich zurückzuziehen, um seine eigenen Energien zu halten, zurückzuhalten; sich nicht melken, aussaugen zu lassen.

Ergänzend möchte ich noch auf das Thema „Verantwortung" näher eingehen. Wir tragen nur für uns selber und unsere Kinder (solange sie noch nicht erwachsen sind) Verantwortung. Wenn wir für einen anderen Erwachsenen die Verantwortung übernehmen, können wir für uns selber und auch für unsere Kinder keine Verantwortung mehr tragen.

Wir sind dann nicht mehr in unserer Kraft und wir erwarten dann, dass ein Anderer für uns die Verantwortung übernimmt. So schließt sich der Kreis. Es ist ein ewiges Energiespiel.

Ein Spiel, das wir alle unbewusst in der Dualität auf der Erde gespielt haben und oft noch weiterspielen. Es braucht viel Bewusstsein dazu, das zu erkennen und viel Selbstliebe, um bewusst aus so einem Spiel auszusteigen.

Denn, warum spielen wir das? Weil wir von unseren Mitmenschen Liebe und Anerkennung erwarten. Weil wir noch nicht bereit sind, uns selber diese Liebe und Anerkennung zu geben.

Also suchen wir das im Außen. Und leider ist das in allen Fällen hoffnungslos. Je mehr wir uns anstrengen und für andere da sind, und uns selber dabei aufgeben, umso weniger Anerkennung bekommen wir. Weil wir uns selber dann ja nicht mehr anerkennen und das Außen spiegelt uns das nur.

Energetisch sind wir dann ausgelaugt – wir leben unseres eigenes Leben nicht mehr und können auch nicht mehr selber für unser Wohlbefinden sorgen. Deshalb erwarten wir wiederum von Anderen, dass sie uns unterstützen.

Das Spiel kann nur jeder für sich selber beenden. Und dazu braucht es viel Mut, Nein zu sagen, um wieder in die eigene Kraft zu kommen. Das ist Selbstliebe. Diese strahlen wir dann aus und so können sich Andere von uns inspirieren lassen, um sich selber auch anzunehmen. Das ist unser neues Mitgefühl für uns selber und für unsere Mitmenschen.

Der Liebesstern, die Ausdehnung in unserem Herzen, unterstützt uns dabei. Wir können uns und unser Umfeld immer besser aus der eigenen Mitte heraus beobachten. So halten wir mehr Abstand zum Geschehen um uns herum und nehmen gleichzeitig die Liebe in uns wahr.

Ergänzendes zum Thema

Fragen und Antworten

- *Kann ich Heilung durch Mitgefühl für mich auch anwenden, indem ich Vorbilder habe?*

Natürlich kann man das Prinzip des Mitgefühls auch so anwenden, dass man die Schwingung eines Gefühls von einem Anderen (in diesem Fall Vorbild) für sich annimmt.

Wenn wir einem Menschen begegnen, der z. B. Freude lebt und ausdrückt, dürfen wir Mitgefühl mit uns haben und diese Freude auch annehmen. Wir können so alle positiven Attribute annehmen und wir müssen nicht einmal so einem Vorbild persönlich begegnen. Es reicht auch die Erinnerung an so Jemanden oder es ist ein Schauspieler in einem Film oder irgendeine bekannte Persönlichkeit.

Was auch sehr gut funktioniert, ist, dass man sich so einen Menschen oder auch mehrere, herbeiwünscht, als Vorbild für die eigene Heilung und das eigene Wohlbefinden. So dürfen wir uns mit unseren Mitmenschen freuen und teilnehmen. Auch wenn wir z. B. augenblicklich Mangel leben, dürfen wir von unseren Mitmenschen, welche das Gefühl von Fülle in sich tragen und es sichtbar leben, uns durch Mitgefühl inspirieren lassen und das vorgelebte Gefühl gerne annehmen.

Manchmal bitte ich als Medium Wesenheiten, wie Aufgestiegene Meister, damit sie ihr Gefühl von Selbstbewusstsein und Stärke oder innerer Frieden und Harmonie mit mir teilen. Die Gefühle erreichen mich dann auch immer sehr schnell und sehr stark. Das sind für mich immer wundervolle Erfahrungen, dass wir nicht alleine sind und immer energetisch mit allem was ist, verbunden sind.

Nach dem kosmischen Gesetz: Bittet und euch wird gegeben! Probiere es aus! Es funktioniert bei Jedem! Auch bei dir! Bedanke dich anschließend bei der Wesenheit, mit der du in Kontakt warst.

Und natürlich dürfen wir uns auch bei allen Mitmenschen energetisch bedanken, für das was sie uns vorleben und uns somit mitfühlen lassen. Diese Dankbarkeit verstärkt auch unsere Annahmebereitschaft.

- *Wenn ich durch Mitgefühl heile und mein Klient jedoch nicht gesund wird, woran kann das liegen?*

Grundsätzlich sind wir energetisch miteinander verbunden. Wenn du das Gefühl des Heilseins bei dir wahrnimmst, kann es auch dein Klient wahrnehmen (wenn auch auf einer unbewussteren Ebene). Seine Seele nimmt diese Schwingung auf. Und das ist die Heilung, die wir bewirken können.

Ob die Heilung sichtbar, wahrnehmbar sofort oder auch Monate später eintritt, liegt tatsächlich am Klienten selber. Darauf haben wir keinen Einfluss. Vielleicht möchte die Seele des Klienten ihn noch auf etwas durch die Krankheit hinweisen? Vielleicht braucht der Klient noch wichtige Erfahrungen und Spiegelungen, um zu erkennen und die Krankheit loslassen zu können?

Wenn du das Gefühl hattest, der Klient hat die Behandlung offen und bereitwillig angenommen, ist der offensichtliche Wille zur Heilung da. Aber da können auch noch unbewusste Blockaden sein.

Vielleicht ist dein Klient offen für das 4 – Punkte – Rezept und du kannst mit ihm das anwenden. Und natürlich kannst du auch das 4 – Punkte – Rezept für dich in Bezug auf deinen Klienten anwenden, wenn dich persönlich was an ihm berührt. Wenn du das bei dir heilst, kann das deinen Klienten auch verändern und sogar auch heilen.

- *Kann ich das 4-Punkte-Rezept bei mir anwenden, um Heilung bei einem Klienten zu bewirken?*

Ja. Frage dich, was der Klient dir spiegelt? Welche Gefühle weckt er und seine Situation in dir? Wenn du das bei dir heilst, braucht dein Klient dir das nicht mehr spiegeln. Auch heilst du ja durch deine Vorbildfunktion.

Oft kommen da jedoch mehrere Faktoren zu einer Krankheit zusammen. Und vielleicht ruft der Klient auch mehrere Gefühle in dir hervor. Dann gehe sie alle der Reihe nach durch.

Generell hat es immer einen Grund, warum wir einen Klienten anziehen. Und wenn wir offen sind, unsere Gefühle in Bezug auf den Klienten anzunehmen, können wir unsere und die Heilung des Klienten zugleich bewirken.

- **Kann ich gleichzeitig Mitgefühl empfangen und weitergeben?**

Ja, wir dürfen uns darüber bewusst sein: Wenn wir ein Gefühl annehmen, strahlen wir es auch in diesem Moment aus. Wenn z.B. unruhige Menschen in unserer Nähe sind, müssen wir selbst unsere Ruhe wahrnehmen, um sie auch auszustrahlen. Dazu können wir zuerst Lichtwesen um ihr Mitgefühl von Ruhe für uns bitten.

Wenn wir die Ruhe wahrnehmen, tragen wir damit schwingungsmäßig unseren Teil in unserer Umgebung bei. Da das ohne Zeitverzögerung eintreten kann, erweckt es in uns das Gefühl, von einem harmonischen Zusammenspiel der Schwingungen.

Da dürfen wir uns die Frage stellen: Was bin ich bereit zu geben? Mit welchen Schwingungen möchte ich jetzt in meiner Welt beitragen? Sobald mir das bewusst ist, bin ich bereit diese Schwingungen auch anzunehmen. Das Annehmen und Ausstrahlen erfolgt zeitgleich.

- **Kannst du mir zu den Liebesstern-Aktivierungen mehr Informationen geben?**

Seit der Erweckung meines Liebessterns habe ich einen sehr starken, direkten Zugang zu meiner Mitte und zu meiner Seele. Meine Wahrnehmung ist intensiver geworden, auch kann ich seitdem meine Gedanken auf Knopfdruck einfach abschalten.

Der Liebesstern ermöglicht es mir, in die absolute Stille zu gehen und meiner Seele zu lauschen. Durch diese Botschaften ist das Buch entstanden, um meine Erkenntnisse mitzuteilen und auch um den Liebesstern zugänglich zu machen.

Mit dem Liebesstern werden wieder schlafende Lichtverbindungen geweckt. Der Zugang zum Herzen wird freier und offener und so haben wir mehr Intuition und auch mehr Fähigkeiten zur Selbstheilung und Selbstliebe.

Der Stern ist zwar schon beim ersten Mal aktiviert, aber mit jeder Wiederholung dehnt er sich weiter aus. Auch werden somit immer weitere Lichtkanäle geöffnet. Natürlich ist es auch förderlich, immer wieder im Alltag in seine Mitte zugehen und vielleicht sogar den Liebesstern bewusst wahrzunehmen. Somit dehnt er sich auch aus.

Und je weiter die Ausdehnung, umso leichter fällt es uns, vollkommen abzuschalten und in den Kontakt unserer Seele zu kommen. Auch im Alltag haben wir eine stärkere innere Ruhe und eine feinere Wahrnehmung und Beobachtungsgabe.

Das liegt daran, dass wir den Kontakt zu unserer Seele trainieren können. Je öfter wir mal kurz in Meditation in diesen Kontakt gehen, umso beständiger können wir eine gewisse Ausdehnung auch im Alltag halten.

Du kannst mich so oft du möchtest, um mein Mitgefühl für eine weitere Aktivierung bitten. Du wirst jedoch auch merken, wann du sie nicht mehr brauchst.

Viele nutzen diese direkte Aktivierung auch dazu, um zu einem intensiveren Kontakt zu ihrer Seele zu kommen und mit ihr direkt zu kommunizieren. Vielleicht hast du Fragen an deine Seele.

Wenn wir Gefühle empfangen möchten, müssen wir zuerst unsere Mitte, unser Herz, wahrnehmen. Von diesem Raum der Wahrnehmung aus, sind wir empfangsbereit für die Gefühle die uns bereitgestellt werden. Auch können wir ihnen dort bewusst unsere Aufmerksamkeit geben und sie stärker ausstrahlen.

Nur in unserer Mitte befinden wir uns auch im Jetzt. Und nur im Jetzt nehmen wir aktiv am Leben teil. Denn, wie kann etwas zu uns kommen, wenn wir nicht zu Hause sind? Und wie können wir Schwingungen aussenden, wenn wir nicht zu Hause sind?

Eine interessante Heilungs-Erfahrung

Ich wurde um eine Mitgefühl-Fernbehandlung gebeten. Ein Kind hatte eine schwere Lungenentzündung und lag mit Fieber im Bett. Als ich zuerst in meine Mitte ging, hatte ich plötzlich die Intuition, nachzufragen, womit ich dieses kranke Kind angezogen habe und was ich bei mir heilen darf, damit Heilung bei dem Kind geschieht.

Ich hatte meine Seele und meine geistigen Helfer darum gebeten, mich auf meine evtl. Defizite aufmerksam zu machen und mit mir zu arbeiten und mich zu heilen.

Dann spürte ich mein Wurzelchakra, wie es gereinigt und ausgeglichen wurde. Gleichzeitig nahm ich mein Herz, meine Lunge und meine Atmung wahr. Ich atmete plötzlich viel tiefer und befreiter, als vorher.

Ich war noch am Anfang der Behandlung; gerade mal fünf Minuten waren vergangen, als die Mutter des Kindes anrief. Sie teilte mir begeistert mit, dass das Kind plötzlich ganz fit sei. Es ist aufgestanden und hat einen ganz gesunden Appetit.

Das war wirklich beachtlich. Ich ließ meine Behandlung noch nachwirken, spürte aber, dass das Kind gar keine Behandlung mehr brauchte. Es ging nur um meine Heilung. Danach fühlte ich mich sehr frisch und fit.

Später erfuhr ich noch von der Mutter, dass es dem Kind seitdem wirklich gut ging. Es nahm zwar ordnungsgemäß seine Medizin ein, musste aber seit der Behandlung kein einziges Mal mehr husten und fühlte sich ganz gesund an.

Seitdem bitte ich jeden Abend vor dem Einschlafen darum, dass bei mir alles gereinigt und ausgeglichen wird und auch, dass sich mein Körpersystem der neuen Schwingung anpasst. Und so spüre ich immer beim Einschlafen ein Kribbeln in meinem Körper und wie an mir gearbeitet wird.

Nach dieser Erfahrung beziehe ich auch die Bitte um meine Heilung bei jeder Behandlung mit ein. Es ist für mich immer wieder faszinierend zu spüren, wie sehr wir doch alle miteinander verbunden sind.

Der rote Faden

Durch die Inspirationen dieses Buches konnten wir verschiedene Möglichkeiten der Heilung betrachten und auch anwenden. Durch die verschiedenen Heil-Anwendungen führt ein roter Faden, eine Linie, die alles zusammenfasst und verbindet.

Das ist die Erkenntnis, dass es immer um uns selber geht, dass wir selber für uns gute Gefühle zulassen dürfen, dass wir uns selber und unsere Umwelt durch gute Gefühle heilen können, dass das Zulassen guter Gefühle Selbstliebe bedeutet, dass unser neues Verständnis von Mitgefühl bedeutet: für uns gute Gefühle aus Selbstliebe zuzulassen: um unseren Körper gesund zu fühlen, damit unser Gegenüber seinen Körper auch gesund fühlen kann, um uns psychisch gut zu fühlen, damit unser Gegenüber sich auch psychisch gut fühlen kann, um bei uns selber verloren gegangene, gute Gefühle wieder zulassen zu können, durch eigene Erinnerungen an diese Gefühle oder durch die Motivation von Außen, z.B. durch einen Menschen, der diese guten Gefühle vorlebt und ausdrückt.

Auch beim 4-Punkte-Rezept geht es nur um Selbstliebe, ausgedrückt durch Mitgefühl. Wir erlauben uns dadurch gute Gefühle/ Attribute anzunehmen und zu leben, welche wir zuvor unbewusst verurteilt und abgelehnt haben.

Einerlei, welche Möglichkeit wir unter den Mitteilungen anwenden, immer geht es darum, bei uns selber gute Gefühle zuzulassen. Es ist immer eine Bereicherung und eine große Entwicklung zur Selbstliebe.

„Ich erlaube mir jetzt gute Gefühle mit der Energie von Liebe, Harmonie, inneren Frieden, Ruhe, Gelassenheit, Freude, Leichtigkeit, Ausgeglichenheit, Kraft, Stärke, Fülle und Wohlstand in mir zu spüren und zu leben. Das ist mein Geburtsrecht. Damit heile ich mich und meine Umgebung.“

Gefühle sind Energien – Energien sind Informationen. Wir stehen durch Gefühle in Verbindung und tauschen gegenseitige Informationen aus. Unsere Chakren nehmen diese Informationen auf und geben sie wieder weiter.

Das ist eine energetische Kommunikation, die wir als menschliche Wesenheiten ständig miteinander führen. Und wie bei jeder Kommunikation dürfen wir unseren freien Willen einsetzen, um zu entscheiden, auf welcher Frequenzebene wir kommunizieren wollen.

In unserer Welt gibt es verschiedene Frequenzen, Betrachtungen, eigene Filme. Vieles wird von Außen auf uns projiziert. Wir müssen jedoch nicht auf jeden Film, Glaubensmuster, Frequenz eines anderen einsteigen. **Unser Auftrag ist es, unsere guten Gefühle zu halten.**

Wenn wir uns jedoch mit jeden auf uns projizierten Film identifizieren, leben wir die ganz normale Dualität. Wir können dann unsere eigenen Energien nicht mehr halten und unser Gegenüber bekommt unsere Aufmerksamkeit und Energie. Das sind die ganz normalen Energiespiele.

Das kann so aussehen, dass z.B. unser Gegenüber aggressiv auf uns reagiert. Und wenn wir darauf eingehen und uns einschüchtern oder verunsichern lassen, bekommt unser Gegenüber unsere Energie, unsere Aufmerksamkeit. Dann sind wir nicht mehr bei uns, in unseren eigenen Schwingungen.

Natürlich ist das ein Wachstumsprozess und hat seine Gültigkeit, solange wir ihn brauchen und mitspielen. Wir gehen dabei in Resonanz mit dem Gegenüber, weil wir ähnliche Glaubensmuster in uns tragen. Das ist das Gesetz der Anziehung.

Nur viel zu oft, steigen wir da aus reiner Gewohnheit ein. Es ist eine unbewusste Reaktion und keine bewusste Aktion. Es braucht nur unsere bewusste Entscheidung, nicht mehr auf die sich immer wiederholenden Situationen einzugehen. Das funktioniert sehr gut mit unserem Mitgefühl und unserer Selbstliebe.

Auch wenn jemand aggressiv auf uns reagiert (auf uns seine Aggressionen projiziert), können wir in einem guten, harmonischen Gefühl bleiben oder es bewusst für uns herstellen. Dann sind wir lediglich Beobachter der Situation und uns macht das Ganze nichts mehr aus. Unser Gegenüber wird vielleicht noch eine Weile in dieser Energie bleiben, um uns herauszufordern. Doch irgendwann wird es für ihn langweilig, wenn er kein Gegenüber mehr hat und unsere Energie nicht bekommt.

Wir können uns das wie auf einem Tennisplatz vorstellen. Wir spielen jahrelang das gleiche Spiel mit dem gleichen Gegner. Aus lauter Gewohnheit und Reaktion werfen wir die zugespielten Bälle immer wieder zurück.

Doch jetzt erkennen wir, dass es ja nur ein Spiel ist und dass wir nicht gezwungen sind, mitzuspielen. Wir sagen das dem gegnerischen Spieler, dass wir keine Lust mehr auf das Spiel haben und wir möchten uns vom Tennisplatz (Energiefeld) entfernen.

Der Gegner möchte aber gerne mit uns weiterspielen und er versucht uns herauszufordern. Er wirft uns immer wieder Bälle zu. Manchmal gehen wir noch unbewusst darauf ein und werfen den Ball einfach zurück.

Doch allmählich verlassen wir ganz den Platz (Energiefeld). Und der Gegner steht noch einige Zeit alleine da. Vielleicht findet er neue Spieler. Wenn nicht, wird auch er das Spiel beenden.

Somit haben wir in erster Linie uns einen großen Gefallen getan und auch indirekt unserem ehemaligen Gegner.

Können wir uns vorstellen, dass jeder in seiner eigenen Kraft und Energie ist und wir untereinander nur mit guten Gefühlen kommunizieren? Und dass die alten, längst überholten Überlebensmuster von Einzelkämpfertum und Energie-

raub aussterben? Ist diese Welt bereits greifbar, in
der jeder stark und authentisch in der eigenen
Kraft lebt und zugleich nur mit positiver Energie
mit seiner Umwelt in Kontakt ist?

Vertiefende Zusammenfassung

In der letzten Mitteilung haben wir uns mit den
Projektionen von Außen befasst. Das wirft die
Frage auf, wann es sich denn nur um eine Projek-
tion handelt oder wann tatsächlich eine Spiegelung da ist, die wir betrachten sollten.

Grundsätzlich ist es immer beides. Grundsätzlich sollten wir immer in unserer Mitte bleiben
und niemals auf einen fremden Film einsteigen.
Grundsätzlich geht es immer nur um uns selber –
die Außenwelt ist eine Spiegelung unserer In-
nenwelt, damit wir uns erkennen können.

Also, ist es sinnvoll, bei sich zu bleiben und dabei
in einer offenen und betrachtenden Haltung zu
sein. Dabei nehmen wir alle unsere Empfindungen
in Bezug auf unsere Außenwelt wahr. Wir erschaffen uns also Situationen, um zu fühlen.

Durch das Gefühl nehmen wir unsere Glaubensmuster und Einstellungen wahr. Und diese
können wir dann durch unsere bewusste Absicht
ändern. Wenn also ein negatives Gefühl mit einem
dazugehörenden Gedankenmuster bei uns entsteht, können wir uns für das positive Gefühl mit
Glaubensmuster entscheiden. Damit heilen wir uns
selber und nebenbei auch unsere Außenwelt.

In jedem Fall dürfen wir uns immer lieben und das Beste für uns annehmen. Und für alles Negative, was wir erschaffen haben, dürfen wir uns in großer Selbstliebe selber verzeihen (weil es ja schmerzhaft und unangenehm war und wir uns das ja durch unbewusste Glaubensmuster selber angetan haben). Durch das Vergeben uns selber gegenüber, sind wir bereit uns selber mehr Liebe zu geben.

Vergeben = Liebe geben, verteilen

Beim Vergeben gebe ich wieder Liebe, wo vorher Groll war. Damit ist der Energiefluss wieder hergestellt, wo vorher durch ein negatives Gefühl eine Blockade war.

Wenn wir uns nicht wohl fühlen (emotional oder körperlich), weist das immer auf einen Energiestau hin. Je gesünder und glücklicher ein Mensch ist, umso freier fließen die Energien durch sein Körpersystem. Grundsätzlich brauchen wir jedes negative Gefühl nur einmal leben, um es dann in das positive Gegenpol-Gefühl zu transformieren. Dadurch haben wir eine Erfahrung gemacht.

Wenn wir davon ausgehen, dass wir jedes negative Gefühl schon –zigmal gelebt haben, brauchen wir ganz sicher keine Wiederholung des Gefühls mehr. Nur liegen unsere Blockaden daran, dass wir die negativen Gefühle bewerten und somit in ihrem Fluss unterdrücken.

Dadurch kann keine Transformation entstehen. Es ist also für unsere Heilung und Entwicklung er-

forderlich, alle zurückgehaltenen Emotionen zum
Fließen zu bringen.

Und zwar in einer beobachtenden, wahrnehmen-
den Haltung: *„So fühlt es sich an. Das bin nicht
ich. Das ist nur ein Gefühl. Das ist auch nicht
mehr meine Wahrheit. Meine Wahrheit ist jetzt
reine Liebe. Ich lasse also das Gefühl als Erfahrung durch mich ziehen und aus mir heraus fließen. Ich nehme die Transformation des Gefühls
dankbar an."*

Unsere Seele erschafft uns die äußeren Spiegel,
damit wir unsere alten, angestauten Gefühle spüren und bewertungsfrei aus uns rauslassen können. **Alles ist auf unsere Heilung ausgerichtet.**

Wir können da einer einfachen Regel folgen:
Fühlt sich ein Gefühl nicht gut an, dürfen wir es
loslassen. Das Gefühl zeigt uns dann an, dass wir
in unserer Entwicklung auf dem Holzweg sind.

Bei einem guten Gefühl wissen wir immer, dass
wir richtig liegen. Unsere Gefühle sind also wichtige Wegweiser. Wir dürfen sie als ein nützliches
Navigationssystem sehen. Somit übernehmen wir
Verantwortung für unsere Gefühlswelt. Wir sind
keine Opfer und niemand kann schlechte Gefühle
in uns erzeugen.

Die Gefühle sind nur Informationen über unsere
Glaubensmuster. Wir sind nicht das Gefühl. Wir
müssen uns nicht mit dem Gefühl identifizieren. Die
Gefühle sind lediglich dazu da, dass wir sie spüren.
Tatsächlich spüren wir nur die Gefühle in einer be-

obachtenden Haltung. Wenn wir das Gefühl bewerten, kann es nicht mehr frei fließen und wird im Körpersystem gestaut.

Dadurch entsteht Krankheit. Eine Emotion bewegt sich durch den Körper. Eine Emotion ist Bewegung und darf nicht zurückgehalten werden. Wir leben durch unsere Gefühle.

Über Heilbehandlungen und Klienten

Wir wissen, wie wichtig es ist, bei sich zu bleiben; und das vor allem bei einer Behandlung. Das ist das A & O bei unserer Heilung durch Mitgefühl.

Und doch kann das eine Herausforderung sein. Manche Klienten berühren uns mit ihren Themen. Oder ihre Art fordert uns heraus. Und das dürfen wir natürlich für uns betrachten. Es gibt einen Grund, warum wir diesen Klienten angezogen haben. Und der Grund liegt bei uns.

Das können Spiegelungen unserer unbewussten Gedanken oder Ängste sein. Oder es sind energetische Gegensätze. Vielleicht dürfen wir von einem Klienten auch Energien annehmen, welche durchaus positiv sind und die wir bis jetzt noch nicht leben? Grundsätzlich sollten wir unsere Klienten nicht krank sehen. Vielleicht ist es sogar umgekehrt und sie bringen uns die Heilung?

Bei der Behandlung arbeiten wir ja mit uns! Wir gehen in uns selbst und lösen es dort auf (und nicht beim Klienten). Wenn der Klient uns jedoch belastet, traurig oder ärgerlich macht, etc., dürfen

wir uns selber dafür vergeben, dass wir uns selber
so ein Drama erschaffen haben. So können wir tatsächlich beim Anderen alles auflösen.

Es klingt verrückt, aber es ist so: Wir gehen einfach in uns selber! Wir müssen nichts am Anderen
„herumdoktern". Wir gehen in uns selbst und lösen es dort auf. **Heilung durch Vorbild.**

Auch unser 4-Punkte-Rezept kann uns da wundervoll unterstützen. Welche Gefühle und Gedanken habe ich dem Klienten gegenüber? Sie haben
immer etwas mit mir zu tun! Ist da ein „schwerer
Fall" und ich denke: Das ist hoffnungslos, da kann
auch ich nicht mehr helfen.

Dann heißt das für mich: Ich sehe mich hoffnungslos und dass mir niemand helfen kann! Das
ist dann der Teil in mir, der mit mir selber die
Geduld verloren hat.

Jeder unserer Gedanken sagt etwas über uns selbst
aus, auch die Gedanken über andere Menschen! Da
sind wir beim Spiegelgesetz! Natürlich heißt das
nicht, wenn z. B. ein Alkoholiker zu uns kommt,
dass wir auch Alkoholiker sind. Aber er weist uns
unsere Suchtstrukturen auf.

Wir dürfen unsere Klienten lieben und tolerie-
ren lernen, indem wir sie einfach so stehen lassen,
wie sie sind. Und uns selbst dürfen wir verzeihen,
dass wir der Realität immer noch mit bestimmten
Taktiken „ausweichen".

Dann kann sich ALLES verändern. Indem wir
unsere eigenen Suchtstrukturen in uns anerken-

nen und sie als legitime Spielvariante stehen lassen, darf der Andere auch gehen oder sich verändern. Er muss uns das dann nicht mehr spiegeln.

Nun gibt es umgekehrt auch Menschen, zu denen wir uns sehr hingezogen fühlen. Wir sind geradezu fasziniert von Ihnen. Wie gehen wir damit um? Was ist die Botschaft dabei?

Wir dürfen dann inhaltlich betrachten, was dieser Mensch uns repräsentiert, der uns so fasziniert. In diesem Falle ist es unsere Aufgabe, die Qualitäten, die uns am Anderen so faszinieren, in uns selber zu entwickeln.

Das, was uns fehlt, können wir aus eigener Kraft in uns entstehen lassen. Das ist bewusste Arbeit und es ist möglich. So sind wir nicht auf den anderen Menschen angewiesen, dass er uns das gibt, was uns fehlt, und wir lassen ihn frei. Es ist die große Heilung, nicht die große Liebe, wenn wir so einem Menschen begegnen.

So könnte die bewusste Heilarbeit bei uns aussehen: „Zuerst muss ich mir über die Qualitäten bewusst werden, welche mir fehlen und die mich am Anderen so anziehen. Er lebt sie vor. Ich kann durch Mitgefühl sie annehmen und sie selber fühlen.

In diesem Fall sind das Gefühle, die ich noch nicht lebe. Also braucht es für mich viel Selbstliebe und Geduld, mich an diese Gefühle/ Attribute/ Qualitäten heranzutasten und ihnen meine Aufmerksamkeit zu schenken.

Ich kann in meine Mitte gehen und dort diese Qualitäten spüren und als Vision leben. Ich kann mich so sehen, wie ich diese neuen Qualitäten lebe und wie sich dadurch meine Welt verändert.

Dazu ist es auch hilfreich, Affirmationen und Programmierungen anzuwenden. Und das Wichtigste ist: Immer wieder das Gefühl zuzulassen und mir dankbar dafür zu sein".

Wir haben unsere Lebensqualität
tatsächlich selber in der Hand.

Durch Transformation entstehende positive Schwingungen zur Wunscherfüllung

Wenn wir uns etwas wünschen, ist es unerlässlich für den positiven Erfolg aus dem Raum unserer Mitte und des Wohlbefindens, sich auf diesen Wunsch auszurichten. Um in unsere Mitte zu kommen, kann die Aufmerksamkeit auf unser Herz und den Liebesstern sehr hilfreich sein.

In der Höhe des Herzchakras liegt die Thymusdrüse. Das ist unsere Empfangs- und Sendestation für alle Licht-Wesen, die mit uns gerade durch ihr Mitgefühl zusammenarbeiten.

Wir nehmen dabei die Ausdehnung des Herzens als leuchtender Stern wahr. An diesem Ort angekommen, spüren wir deutlich, dass wir dort richtig sind. Mit Sicherheit entwickeln wir uns auch dahin, in unserem inneren Raum immer zu verweilen.

Jetzt dient uns dieser Raum überwiegend zur eigenen Transformation. Und diese können wir durch Mitgefühl so bewirken: Wenn wir ein Gefühl haben, das sich nicht gut anfühlt, ist das immer eine Botschaft unserer Seele.

Wir sind dann nicht im Einklang mit der Wahrheit unserer Seele. Wenn wir uns dann erlauben, in unsere Mitte zu gehen, können wir das Gefühl und somit die Botschaft unserer Seele akzeptieren. Wir dürfen nun bereit sein, das positive Gefühl des Plus-Pols zu zulassen, um wieder mit uns in Harmonie zu sein. Da kann unser Verständnis von Mitgefühl wahre Wunder bewirken.

Wir bitten um das Mitgefühl von den Licht-Wesenheiten für unser gewünschtes positives Gefühl. Durch unsere Empfangsbereitschaft, können diese Schwingungen unsere Energiekörper berühren. Das gibt uns wieder die Erinnerung zu unserer eigenen positiven Gefühlswahrnehmung.

Da unser Sender und Empfänger sich im Herzchakra befindet, ist es unerlässlich, sowohl beim Bitten und Wünschen, als auch beim Empfangen, in der eigenen Mitte zu sein. Denn, wie kann uns etwas erreichen, wenn wir gar nicht zu Hause sind?

Durch diese Transformationen können wir immer mehr positive Qualitäten in uns zum Ausdruck bringen. Denn es gibt so viele Qualitäten, wie es Menschen auf der Erde gibt und keine ist tatsächlich identisch mit der Qualität oder dem Gefühl eines anderen Menschen, auch wenn das Umfeld mit den Erfahrungen dasselbe ist. Unsere

Selbstliebe und unser Selbstvertrauen wachsen dadurch beständig.

Aus diesen neu integrierten, gelebten Gefühlen heraus, ist eine bewusste Gestaltung unseres Lebens möglich. Das ist so einfach, wir dürfen uns immer gut fühlen und für unser Wohlbefinden empfänglich sein. ***Unser Leben kann ein Tanz in Freude sein!***

Anhang

Über die Autorin

Birgit Schmidt, geb. 1961, wohnhaft im Großraum Stuttgart, ist Yogalehrerin, Heilerin und Seelenmedium.

Zu Informationen und Angeboten:

www.anaruna-bewusstseinsarbeit.de

Weitere Bücher der Autorin:

Seelen im Übergang

Über Verstorbene, Geister,
Besetzungen und Walk-In-Seelen

Was passiert wenn wir sterben und gibt es ein
Geisterdasein? Können verstorbene Seelen auf
Erden bleiben und wenn ja, warum? Welche Ent-
wicklungsmöglichkeiten gibt es für eine Seele? Ein
Medium berichtet von ihren Wahrnehmungen und
Erfahrungen mit Geistern und gibt neue Sichtwei-
sen über die Randthemen des Lebens.